U0492572

国家社科基金项目 批准号：13BJY153

马乃云 著

我国出口退税政策绩效评价研究
——基于平衡计分卡方法

Research on the Performance Evaluation of
CHINA'S EXPORT TAX REBATE POLICY
——Based on the Balanced Scorecard Method

中国财经出版传媒集团
经济科学出版社
Economic Science Press

图书在版编目（CIP）数据

我国出口退税政策绩效评价研究：基于平衡计分卡方法/马乃云著. —北京：经济科学出版社，2021.12
ISBN 978-7-5218-3349-2

Ⅰ.①我… Ⅱ.①马… Ⅲ.①出口退税-税收政策-研究-中国 Ⅳ.①F812.424

中国版本图书馆 CIP 数据核字（2021）第 267732 号

责任编辑：宋艳波
责任校对：徐　昕
责任印制：王世伟

我国出口退税政策绩效评价研究
——基于平衡计分卡方法
马乃云　著
经济科学出版社出版、发行　新华书店经销
社址：北京市海淀区阜成路甲 28 号　邮编：100142
总编部电话：010-88191217　发行部电话：010-88191522
网址：www.esp.com.cn
电子邮箱：esp@esp.com.cn
天猫网店：经济科学出版社旗舰店
网址：http://jjkxcbs.tmall.com
北京季蜂印刷有限公司印装
710×1000　16 开　13 印张　200000 字
2022 年 6 月第 1 版　2022 年 6 月第 1 次印刷
ISBN 978-7-5218-3349-2　定价：58.00 元
(图书出现印装问题，本社负责调换。电话：010-88191510)
(版权所有　侵权必究　打击盗版　举报热线：010-88191661
QQ：2242791300　营销中心电话：010-88191537
电子邮箱：dbts@esp.com.cn)

前言/Preface

对出口贸易实行出口退税政策，是世界上许多国家和地区广泛应用的一项重要的国际惯例。它是国际贸易发展到一定阶段的产物，是多边贸易体制下为避免双重征税而形成的。我国自1985年恢复实行出口退税政策以来，随着国家经济形势和国际贸易的发展变化，政策在不断调整和完善。我国对大多数出口货物实行出口退税，伴随着我国对外贸易额的不断攀升，出口退税额不断增长且数额巨大。近十多年来，受国际金融危机的影响，我国的外贸出口受到很大冲击，经济发展速度放缓，出口退税政策调整的频率加快、幅度加大。但频繁地调整不仅影响财政收入，也可能导致国际贸易摩擦增多，进而恶化出口企业的外部生存环境，会对我国社会与经济发展产生一系列影响。国家每年放弃巨额的税式支出用于出口退税，用于促进外贸发展，其效果如何？能否达到预期的目的？2011年财政部颁布关于财政支出绩效评价办法的文件，出口退税政策实施的效果应在借鉴财政支出绩效评价方法的基础上加以评价，以更好地调整我国的出口退税政策，达到促进对外贸易、提振经济发展、带动产业结构调整和经济发展方式转变的目的。因此，对出口退税政策进行绩效评价的研究具有非常重要的理论意义和实践意义。

本书首先梳理国内外关于出口退税、平衡计分卡方法和绩效评价等问题研究的相关文献，通过分析出口退税政策与绩效评价的相关理论，分析出口退税绩效评价的必要性和可行性。随后对出口退税政策实施所消耗的经济成本、政治成本和社会成本，以及所带来的经济效益、政策效益和社会效益进行了理论和实证分析。从平衡计分卡的财务维度和客户维度，从宏观、中观和微观层面分析出口退税政策对出口规模和人民币汇率、出口产品结构和企业行为的影响；出口退税政策的实施及变动影响出口企业的生产成本、出口数量、利润水平、行业利润率等指标，势必对 GDP 和财政收入的增长、出口产品结构、汇率变动等产生重要影响。采用多元回归分析、Panel 数据分析、倍差法、协整检验、Granger 因果关系检验等计量分析方法对出口退税政策的经济性、效率性和效益性予以实证分析。总体而言，出口退税能够较好地促进出口总量增长、调节出口产品结构，并对企业经营具有一定影响，同时该政策在制度设计和实际执行方面也存在一定缺陷。具体而言，其政策效果具有针对性、短期性、宏观性、非对称性、条件性等特点，需要在全面认识出口退税政策特性的基础上进一步优化制度设计，合理确定政策边界，从粗放式向精细化转变，提高决策的科学性、合理性，扬长避短，提高政策效率。

为实现出口退税的政策目标，为评价出口退税政策实施的效果，引入绩效评价的平衡计分卡方法，考虑政府的特殊性、政府支出目标的多样性、财政绩效评价的特殊性等，对平衡计分卡研究方法的框架做了必要的修正，结合出口退税所带来的经济、政治和社会的成本和效益，按照平衡计分卡的财务维度、客户维度、内部管理维度和学习与成长维度四个维度，设置了 4 个一级指标、6 个二级指标、22 个三级指标，按照各个指标作用的不同采用层次法（AHP）分别赋予了不同的权重，构建了我国出口退税政策绩效评价的指标体系。本书选取我国 2010～2017 年的国民经济发展和出口退税的相关数据，以 2010 年的数据为基期值，对随后年份的数据进行对比、打分，尝试运用构建的出口退税政策绩效评价指标体系评价了这八年我国出口退税政策实施的绩效。并针对分析的出口退税政策实施存在的问题提出了完善的路径及完善的措施建议。

本书是国家社会科学基金项目"基于平衡计分卡方法的我国出口退税政策绩效评价研究"（项目号：13BJY153）的研究成果。在项目课题研究的过程中，得到了业界许多老师、同事和朋友的热情帮助。在此，衷心地感谢中国社科院高培勇教授、中央财经大学汤贡亮教授、国家税务总局郭乡平巡视员、税务科学研究所魏志梅研究员等对课题的研究提纲、研究内容和难点等方面提出了许多宝贵的意见；衷心地感谢北京工商大学经济学院李宝仁教授、史明霞副教授、许评副教授和商学院王简副教授，中国财政科学研究院贺俊程博士，人民大学孙娟娟博士等在课题的立项、进展和结项过程中给予的热情帮助和支持。在课题研究的过程中，笔者指导的研究生陶慧勇、王一丞、李悦、丁月宁、祁文彩、刘伟和孟瑜等同学协助搜集资料、问卷调查、校对图表，研究生侯倩、王戈、丁小方、文思哲、彭可欣和张琳等还分别以平衡计分卡、出口退税、绩效评价等与课题研究相关的问题作为毕业论文的研究方向，研究涉及出口退税政策对外贸出口规模和结构的影响、差异性出口退税率对出口产品结构的影响、出口退税与人民币汇率的传导机制、出口退税对低附加值企业利润的影响、采用平衡计分卡分析我国财政科技投入的绩效等问题，以社科项目引导和带动学生积极参与科研活动。笔者与侯倩合作的《基于平衡计分卡方法的财政科技经费绩效评价体系研究》一文于2016年10月发表在《中国软科学》杂志。在此，对参与和支持本项目研究的研究生一并表示感谢。

  本书尝试运用了绩效管理的平衡计分卡方法，从四个维度设置多级指标，构建我国出口退税政策绩效评价的指标体系，并进行了实际评价。但出口退税政策影响的社会层面多，绩效评价体系的构建涉及的指标多、数据多，指标设计的准确性、数据获取的易得性可能导致本书绩效评价指标体系的设计不够全面和完善，也会对最终评价结果的准确性产生一定的影响。因此，本书研究采用的方法、得到的结论还存在着很大的改进空间，恳请各位财税理论、业务部门的专家、学者批评指正。

马乃云

2021年12月19日

目录
Contents

第1章 绪论   **001**

1.1 研究背景及意义   001

1.2 研究文献综述   004

    1.2.1 实施出口退税的理论依据、政策性质及退税率设置机理的分析   004

    1.2.2 出口退税政策对出口贸易和汇率的影响分析   008

    1.2.3 出口退税政策对出口产品结构或产业结构优化的影响分析   013

    1.2.4 出口退税管理的研究   016

    1.2.5 对平衡计分卡方法及出口退税绩效评价的研究   016

1.3 研究的主要内容与研究方法   017

    1.3.1 研究的主要内容   017

    1.3.2 主要研究方法   019

1.4 可能的创新之处   020

第2章 出口退税政策与绩效评价的相关理论分析   **021**

2.1 出口退税政策相关理论分析   022

    2.1.1 传统学派自由贸易及出口商品免税理论   022

    2.1.2 近代出口退税理论   025

    2.1.3 现代出口退税政策中性与非中性原则分析   027

    2.1.4 出口退税政策的经济学分析   030

2.2 绩效评价的内涵与设计机理分析 … 032
2.2.1 绩效评价的内涵与特征 … 032
2.2.2 绩效评价的原则与方法 … 033
2.2.3 绩效评价指标体系的设计机理 … 034
2.3 出口退税政策绩效评价的必要性分析 … 036
2.4 平衡计分卡方法引入出口退税政策绩效评价的可行性分析 … 039
2.4.1 平衡计分卡方法绩效评价的基本原理 … 039
2.4.2 平衡计分卡方法引入公共组织绩效评价的可行性分析 … 042
2.4.3 平衡计分卡方法用于出口退税绩效评价的可行性分析 … 044

第3章 国内外出口退税政策的比较分析 … 046
3.1 我国出口退税政策的演变 … 046
3.1.1 1949～1978年计划经济时期的我国出口退税政策 … 051
3.1.2 1979～1993年出口退税政策的逐步恢复阶段 … 052
3.1.3 1994～2007年市场经济体制下出口退税政策的发展 … 055
3.1.4 2008年至今出口退税政策的进一步深化调整 … 060
3.2 欧美国家的出口退税政策 … 068
3.2.1 法国 … 068
3.2.2 意大利 … 071
3.2.3 德国 … 074
3.2.4 英国 … 076
3.2.5 美国 … 079
3.3 亚太国家的出口退税政策 … 082
3.3.1 日本 … 082
3.3.2 韩国 … 083
3.3.3 泰国 … 085
3.3.4 新西兰 … 086
3.4 国内外出口退税政策的比较与借鉴 … 087
3.4.1 我国出口退税政策多元目标的形成 … 087
3.4.2 我国出口退税政策制定存在的问题 … 090

3.4.3　其他国家出口退税政策的比较　　　091
　　　3.4.4　国外出口退税政策的借鉴　　　093

第4章　我国出口退税政策实施的成本及效益分析　　　**096**
4.1　出口退税政策的成本分析　　　096
　　　4.1.1　出口退税的经济成本　　　097
　　　4.1.2　出口退税的政治成本　　　101
　　　4.1.3　出口退税的社会成本　　　104
4.2　出口退税政策的效益分析　　　107
　　　4.2.1　出口退税的经济效益　　　107
　　　4.2.2　出口退税的政策效益　　　111
　　　4.2.3　出口退税的社会效益　　　112

第5章　出口退税政策效果的实证分析　　　**114**
5.1　宏观层面：出口退税政策对出口规模、汇率的影响　　　115
　　　5.1.1　出口退税对出口贸易影响的机理分析　　　115
　　　5.1.2　出口退税政策对出口规模的影响　　　116
　　　5.1.3　出口退税政策对汇率的影响　　　124
5.2　中观层面：出口退税政策对出口产品结构的影响　　　126
　　　5.2.1　出口退税对出口产品结构、产业结构影响的机理分析　　　126
　　　5.2.2　我国出口退税政策的调整与出口产品结构的演变　　　127
　　　5.2.3　出口退税对出口产品结构影响的实证分析　　　134
5.3　微观层面：出口退税政策对企业行为的影响　　　142
5.4　结论　　　147

第6章　基于平衡计分卡方法的出口退税政策绩效评价指标体系的构建　　　**150**
6.1　平衡计分卡评价指标建立的原则和要求　　　151
　　　6.1.1　指标选取的原则　　　151
　　　6.1.2　指标选取的要求　　　151

6.2 出口退税政策绩效评价指标体系构建　　152
6.2.1 财务维度　　152
6.2.2 客户维度　　154
6.2.3 内部管理维度　　156
6.2.4 学习与成长维度　　157
6.3 指标权重赋值　　159
6.3.1 构建判断矩阵　　159
6.3.2 各指标权重计算　　160

第7章 出口退税政策绩效评价指标体系的实证检验及政策完善的建议　　**168**
7.1 实证检验　　168
7.1.1 2010～2017年我国对外贸易发展情况分析　　168
7.1.2 2010～2017年我国出口退税管理情况分析　　173
7.1.3 2010～2017年出口退税绩效评价结果分析　　178
7.2 我国出口退税政策完善的路径与完善的措施建议　　181
7.2.1 出口退税政策完善的路径选择　　181
7.2.2 我国出口退税政策完善的措施建议　　182

参考文献　　**187**

第1章

绪　论

1.1　研究背景及意义

随着改革开放政策的深入推进，国民经济迅猛发展。2010年，我国GDP总量达到5.87万亿美元，成为仅次于美国的世界第二大经济体。2018年我国经济总量达到90.03万亿元，比上年增长6.6%，仍然保持了较高的增长速度。根据世界贸易组织（WTO）的统计数据，2009年我国外贸出口额为1.20万亿美元，成为全球第一大贸易出口国。2013年，我国贸易进出口总额为4.16万亿美元，首次突破4万亿美元，也首次超越美国成为世界第一大货物贸易国。贸易进出口总额由1978年的206.38亿美元迅速增长至2016年的3.685万亿美元，近40年的时间增长177.55倍，年均增速为14.62%。2017年4月12日世界贸易组织公布的数据显示，2016年我国贸易总额为3.685万亿美元，出口比2015年减少8%，进口减少5%；也低于美国3.706万亿美元的货物贸易总额，美国时隔4年重新跃居全球首位。下降的主要原因是由于全球经济复苏乏力，尤其是新兴市场国家经济明显减速，需求低迷；国内经济下行压力增大，加之"去产能""供给侧改革"等政策也未能取得预期的效果，我国劳动力、原材料成本上升，出口竞争力下降，对外贸易发展进入新常态。2017年，我国继续深化供给侧改革，给企业减税降负，稳定经济增长。2017年我国货物贸易进出口额4.105万亿美元，较上年增长16%，重新跃居世界首位。

对出口贸易实行出口退税政策是国际贸易发展到一定阶段的产物，是多边贸易体制下为避免双重征税而形成的一项重要国际惯例，被世界许多国家和地区广泛应用。我国自1985年恢复实行出口退税政策以来，随着国家经济形势和国际贸易的发展变化，政策在不断地调整和完善。我国对大多数出口货物实行出口退税，伴随着我国对外贸易额的不断攀升，出口退税额不断增长且数额巨大。外贸出口额从1994年的10 421.80亿元增长到2017年的153 321.0亿元，年均增速为12.40%。出口退税额从1994年的450.2亿元增长到2017年的13 870.4亿元，年均增速超过16.07%（见表1-1、图1-1）。近十多年来，受国际金融危机的影响，发达国家经济趋紧，民众消费减少，我国的外贸出口受到很大冲击，经济发展速度放缓，出口退税政策调整的频率加快，幅度加大。但频繁地调整不仅影响财政收入，也可能导致国际贸易摩擦增多，进而恶化出口企业的外部生存环境，会对我国社会与经济发展产生一系列影响。

表1-1　　1994~2017年我国GDP、外贸出口额与退税额的相关数据

年份	GDP 金额（亿元）	GDP 年增长率（%）	外贸出口额 金额（亿元）	外贸出口额 年增长率（%）	出口退税额 金额（亿元）	出口退税额 年增长率（%）
1994	48 197.9		10 421.8		450.2	
1995	60 793.7	26.13	12 451.8	19.48	548.7	21.88
1996	71 176.6	17.08	12 576.4	1.00	827.7	50.85
1997	78 973.0	10.95	15 160.7	20.55	432.7	-47.72
1998	84 402.3	6.87	15 223.6	0.41	436.3	0.83
1999	89 677.1	6.25	16 159.8	6.15	627.1	43.73
2000	99 214.6	10.64	20 634.4	27.69	810.0	29.17
2001	109 655.2	10.52	22 024.4	6.74	1 071.5	32.28
2002	120 332.7	9.74	26 947.9	22.35	1 259.4	17.54
2003	135 822.8	12.87	36 287.9	34.66	2 039.0	61.90
2004	159 878.3	17.71	49 103.3	35.32	2 195.9	7.69
2005	183 217.4	14.60	62 648.1	27.58	3 371.6	53.54
2006	211 923.5	15.67	77 597.2	23.86	4 284.9	27.09

续表

年份	GDP 金额（亿元）	GDP 年增长率（%）	外贸出口额 金额（亿元）	外贸出口额 年增长率（%）	出口退税额 金额（亿元）	出口退税额 年增长率（%）
2007	257 305.6	21.41	93 563.6	20.58	5 273.3	23.07
2008	300 670.0	16.85	100 394.9	7.30	5 865.9	11.24
2009	349 081.4	16.10	82 029.7	-18.29	6 487.0	10.59
2010	413 030.3	18.32	107 022.8	30.47	7 328.0	12.96
2011	484 123.5	17.21	123 240.6	15.15	9 205.0	25.61
2012	540 367.4	11.62	129 359.3	4.96	10 429.0	13.30
2013	595 244.4	10.16	137 131.4	6.01	10 518.9	0.86
2014	643 974.0	8.19	143 883.8	4.92	11 356.5	7.96
2015	689 052.1	7.00	141 412.4	-1.72	12 867.2	13.30
2016	744 127.0	8.00	138 455.0	-2.09	12 154.5	-5.54
2017	827 121.7	11.15	153 321.0	10.74	13 870.4	14.12

资料来源：根据相关年份《中国统计年鉴》、财政部及国家税务局网站的相关数据整理和计算。

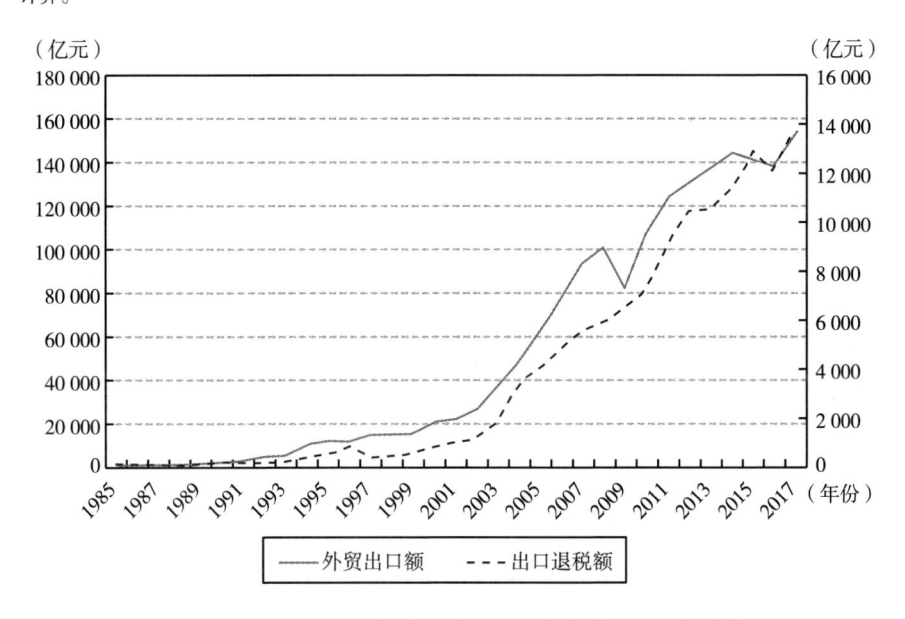

图 1-1 1985~2017 年我国商品出口额与出口退税额趋势

资料来源：根据财政部、海关总署及国家税务局网站相关数据整理。

图 1-1 表示外贸出口额与出口退税额同方向变动，说明出口退税额对

出口贸易的促进作用显著。出口退税额占未扣退税额的财政收入的比例也都超过了4%，近几年均超过8%以上，这些情况表明出口退税政策对我国国民经济、对出口企业乃至我国政府都有着十分重要的作用。国家每年放弃巨额的税式支出用于出口退税，用于促进外贸发展，其效果如何，能否达到预期的目的，有必要对我国出口退税的政策绩效进行绩效评价。2011年4月2日，财政部颁布《财政支出绩效评价管理暂行办法》，以规范财政支出绩效评价行为，提高财政资金使用效益。出口退税作为政府放弃的收入，属于税式支出，政策实施的效果应在借鉴财政支出绩效评价方法的基础上加以评价，以更好地调整我国的出口退税政策，达到促进对外贸易，提振经济发展，带动产业结构调整和经济发展方式转变的目的。因此，对出口退税政策进行绩效评价的研究具有非常重要的理论意义和实践意义。

1.2　研究文献综述

出口退税政策实施30多年了，许多中外学者都做了一些有益的探讨，主要涉及以下问题。

1.2.1　实施出口退税的理论依据、政策性质及退税率设置机理的分析

关于实施出口退税的理论依据，邓力平（1996）从间接税属地主义原则、进出口的对应关系、避免双重征税、提高世界资源配置效率等角度探讨出口退税政策的合理性和必要性。费尔、罗森伯格和威加德（Fehr, Rosenberg and Wiegard, 1995）建立了完全竞争条件下的局部均衡模型，以分析开放经济条件下对增值税实行生产地征税和消费地征税的不同福利效应，得出结论：应该采用消费地征税，即实行出口退税，否则会造成福利损失。高沛、朱廷珺（2009）从政策的供需双方分析我国的出口退税政策

的内生政治、经济过程。在供给方面，提出产品结构、外汇短缺、外贸增长方式等政策因素可能会影响出口退税的形成及调整，但缺乏实证论证。并且在实证中只引入出口额作为解释变量，缺乏可信度。马捷、李飞（2008）运用寡头市场模型引入政治因素进行分析，考察利益集团、其他集团和企业通过游说对政府决策产生影响来研究出口退税政策的稳定性。如果企业或利益集团通过游说使政府对本国企业利润的关注大于消费者剩余和出口退税成本，这时的出口退税政策通常表现较为稳健。王孝松、李坤望等（2010）基于产品层面构建国家模型、利益集团模型和混合模型对出口退税政策的决策和形成机制进行分析。认为中国政府在制定出口退税政策时，既考虑了促进国家经济发展、维护社会公平与稳定等国家总体利益，又考虑了国内各利益相关群体的特定利益诉求。可以说，中国的出口退税政策是政府兼顾国家利益和国内各利益集团诉求的折中结果。

对出口退税政策的性质，学者有着"中性论""非中性论"与"折中论"之争，这是税收中性理论与非中性理论在出口经济上的反映。持"中性论"的认为，税收本身会影响市场经济主体的行为选择，妨碍市场的正常运行，降低市场效率。因此，税收应对出口贸易活动不做过多干涉，甚至有些学者认为应该降低乃至废除税收，更好地发挥市场的作用。丁晓峰（2004）指出，在解决国际交易中的税收问题上运用出口退税政策是一种有效且广泛被接受的方式，但是在制定和执行出口退税政策时首先应该依照"税收中性"原则，防止过分应运影响正常的市场运行，成为资源分配过程中的决定因素。胡学勤（2004）提出，出口退税政策理应维系税收中性，主要应该从彻底退税，使退税率维持相同和取消出口商品随增值税征收的附加税两个方面着手。梅冬州、雷文妮等（2015）认为，出口退税政策应该公正透明，执行简捷快速有效，对不同企业应该采取相同的标准，与国际上其他国家的税率相适应。有些学者们普遍认为在1985年首先制定并履行出口退税政策至今，一直遵循"多征多退，少征少退，不征不退和彻底退税"的标准，同时于1994年又强调了在出口产品退税的过程中应该坚持征收额与退还额一致，可以说国家的出口退税政策一向保持着税收中性的原则。

"非中性论"认为，市场机制存在失灵，且效率和公平不能同时兼顾，在促进效率的同时必然会损害公平，而且税收中性论起作用的前提因素是充分竞争的市场和完备的信息，即无税收成本，在现实中是不可能实现的。白彦锋、孙鑫刚（2004）指出，根据出口商品的差别，应该差别选取适合的出口退税率，此举不但能够利用税收来带动经济发展，而且又可以缓解财政压力，提升出口商品的科学技术含量和产品价值，最终能够优化我国输出产品构成，抬升出口产业整体水平。林高星（2003）认为，不论从表面还是实际效果上，"征多少退多少"的完全退税政策并不是最恰当、最合适的，且最终容易造成国家丧失出口退税政策上的主动权。因此在不违背国际标准的情况下，应该根据现实情境灵活制定合理积极的出口退税政策。钱学锋、王胜（2017）认为，我国当前的出口退税更接近体现非中性的出口补贴，为了更好地促进出口，在不违背国际标准的条件下，允许"多征收少退税"和"少征税多退税"的存在，以适应不断变化的形势。

"折中论"则认为，实际情境中的税收不仅具有中性特征也具有非中性的特征，在这种情况下应该采取"次优原则"，保证公正的同时，维持高效率。第一，应该让市场在资源配置中起主导功能，从而提升社会整体经济效率、减少资源配置过程中产生的负面成本；第二，在市场主导的情况下，当局可以通过适当干涉来保障经济平稳运行和发展。邓力平（1996）提出，出口退税政策的制定和实行，不仅要符合税收中性原则，也应该满足税收的非中性原则，力求在两者之间寻找平衡点。汤贡亮、李成威（2002）认为，如果国际市场是一种完全竞争的市场结构，彻底的出口退税应是一项中性的税收政策，但是国家利益的驱动和国际市场结构的非完全竞争往往导致出口退税偏离理想状态。出口退税政策的制定需要契合消费地和国民待遇原则，秉承中性和非中性结合的准则，尽量满足完全退税标准，不过为了符合当时经济发展要求，达到效率的最优化，出口退税可以服务于政府多重政策目标，现实的出口退税政策设计应是中性与非中性的有机结合。董皓、陈飞翔（2004）指出，出口退税政策理应处于"完全中性"和"出口暗补"之间，其中，"完全中性"所说的是既满足国民待遇原则又满足中性原则，"出口暗补"则是指在符合国际标准的情况下出现的"少征税多退税"的情况。

第 1 章
绪 论

关于出口退税率的设置，比较多的学者认同出口退税应按国家产业政策与外贸商品结构调整的要求设计有差别、有层次的退税率。阎坤、陈昌盛（2003）认为，一国最优的出口退税率应该是由出口增长所引起的税收的边际增长率等于退税支出的边际增长率。林高星（2003）提出，退税率应根据产品的需求弹性细分，对弹性大的多退，弹性小的少退，从而以国家财政退税的损失换取出口企业的高出口额、高收益。陈平和黄健梅（2003）不仅从理论上阐述出口退税对出口营利性和出口规模的作用，而且运用基于 ECM 模型的协整分析、Panel Data 分析等探究出口退税率调整的双面效应。

卞咏梅、梁静溪（2009）从静态和动态两个方面分析了出口退税的经济效应，认为静态下我国出口退税政策产生负的经济效应，但动态情况与之相反。林龙辉、向洪金、冯宪宗（2010）从产业层面构建了局部均衡 COMPAS 模型，分析出口退税政策对进出口行业产出、贸易及全行业收入等指标的影响，得出结论：我国出口退税政策的产业救济效果比较显著，政策存在一定的外部性并且行业间经济效应存在差异性，因此应充分考虑差异性不能搞"一刀切"。许多学者研究都认为，提高出口退税率有利于就业人数增加，降低失业率，对一国对外贸易政策的制定和调整有着显著地影响。刘穷志（2005）认为，出口退税率的上升会促进出口的增加，会吸引其他部门人员进入出口部门，从而造成非出口部门失业率的上升。蒋荷新、李小娟（2009）研究表明，私营企业的出口贸易就业弹性整体上高于外资企业，表明私营企业出口增长对就业的拉动作用高于外资企业，反过来私营企业出口增速减缓对就业的负面影响也较大。向洪金、赖明勇（2010）、林龙辉（2010）分别利用 GSIM 模型和 COMPAS 模型分析了出口退税的深层次经济效应，并提到可以使用 COMPAS 分析就业影响，但遗憾的是并没对其做进一步分析。谢建国、吴春燕（2013）采用工业面板数据，对出口退税政策的就业激励效果分析，结果是中国出口退税率的提高具有显著的就业促进效应，而这种就业促进效应具有行业差异性，其中，出口退税率的提高对劳动密集型行业就业影响最大。赵齐秋等（2001）建立 CGE 模型分析了出口退税与国内就业的关系，但由于假设劳动市场非充分就业且出口部门工资存在刚性，不符合中国实际，其结论不具有可信性。

1.2.2 出口退税政策对出口贸易和汇率的影响分析

出口退税对出口贸易的影响，首先表现在对出口数量的影响。赵齐秋等（2001）基于1985~2002年出口退税金额和出口数量的基础上，运用Spearman序相关度检验得到出口退税额的变化对出口贸易形成了明显的增进功能。赵齐秋等（2006）选取一般均衡模型分析了调整出口退税对相关出口部门出口量的作用效果，最终得出出口退税额的提高会增加出口量，但是在不同部门之间也存在差异。王玮（2013）创立寡头模型进一步说明出口退税额的提高会增加输出量。伯纳德、安德鲁（Bernard，Andrew，2008）将数据采用协整分析，得到出口退税对对外贸易有正向影响，提升出口退税率利于出口额的增加。出口退税政策对于出口的作用时效，我国学者认为在短期内效果明显，从长期来看，也存在稳定关系，但是作用效果减弱。王兴（2010）采取事件分析和EViews统计分析的实证，研究了调整出口退税政策之前和之后我国出口贸易额的变化，得出在短期其影响效果显著，但是长期影响不显著的结论。马捷、李飞（2008）指出，出口退税政策的变化不仅在短时间内有作用，在以后几年内仍然存在影响，但相对来说影响减弱。出口退税率的调节不但会在调节当期作用于出口贸易，而且在之后多年都会显著影响出口贸易。何晴、张斌（2008）认为，出口退税对我国对外贸易有着调节作用，由于我国税制结构的特殊性，通过"差别待遇"的出口退税政策促进出口结构的调整有利于经济发展方式的转变。

在出口退税对出口量的长短期影响分析方面，谢建国、陈莉莉（2008）利用1985~2005年数据设计一个出口决策模型，研究得出出口退税对我国工业制成品出口有长期的促进作用，且退税作用效果有着显著的行业差异。武敬云（2011）提出了一个包含出口供给和出口需求双因素的出口决定模型，采用季度数据，利用协整检验和VEC模型等方法得出出口退税和外部需求在长短期都对出口增长具有重要拉动作用的结论。

在出口退税对出口量的相关性分析方面，国内的学者董皓、陈飞翔

(2004)、万莹(2007)、樊琦(2009)及王孝松(2010)等的研究都得出出口退税可以提高企业的出口倾向，从而促进企业出口增加的相似的结论。

陈建勋等(2005)以本国企业、国外竞争者、第三国市场三个要素通过建立一个古诺竞争模型来验证出口退税政策对出口的影响，实证结果得到中国的出口退税与出口贸易额、最终国内消费以及外汇储备呈显著正相关。利用Spearman等级相关性检验，也发现中国出口退税与出口额、外汇储备存在显著的正相关关系。钱德拉等(Chandra et al., 2013)基于2000~2006年中国企业层面数据发现，中国的出口退税有助于提高企业的出口。

万莹(2007)利用1985~2003年的统计数据对我国出口退税与外贸出口和国民经济增长的关系进行实证分析。研究表明，出口退税对我国出口增长具有显著的促进作用，对我国外贸出口增长的贡献率约为三成，进一步利用财政投资乘数，将等额的资金进行直接投资和将其用于出口退税进行比较，发现出口退税的激励效应更优于进行直接财政投资。

屠庆忠(2003)通过建立国家层次出口退税行为的概念模型，指出国家对外贸出口的预期增长率应构成决定出口退税率的约束条件。董皓、陈飞翔(2004)基于1985~2001年滞后一期的时间序列数据，定量研究了退税政策的出口鼓励效应。

出口退税对汇率的影响方面，出口退税与汇率虽然分属财政政策工具和货币政策工具，但都与外贸有着千丝万缕的联系。不少学者探究两者之间的关系，对出口退税政策对汇率是否有作用形成三种观点——"有效论""中性论""无效论"。

"有效论"认为，出口退税率可以调节出口总量，在人民币汇率面临升值压力的情况下，可以通过降低出口退税率调节出口总量，缩减贸易顺差，收窄外汇储备增长的幅度，以期释缓人民币升值的压力。陈建勋等(2012)构建了出口退税和汇率之间的传输模型，在1994~2011年相关数据的基础上，首先通过因果检验探寻出口退税和汇率两者中的因果关联，之后采取了误差修正模型量化了两者中的关联，最后得到出口退税率能够在某种范围里作用于人民币汇率，对人民币汇率是否增值产生作用。于生等（2014）在分析中国应对金融危机的基础上，运用 CEG 模型分别模拟说明出口退税和人民币实际有效汇率两者的联系及相互作用方式，最终的结果表明，两个政策工具对行业和微观层面的影响存在很大差别，出口退税增加会给出口导向型的行业带来繁荣，人民币汇率的上升或下降会均匀地对所有贸易部门都产生不同程度的干扰。部分学者研究指出，在整个亚洲都产生经济危机的情况下，中国经济并未受到很大的冲击，主要取决于当时政府适时地采取了增加出口退税率政策来调节人民币汇率，最终人民币汇率能够稳中有升，稳定了中国经济的外部均衡。人民币面临国际社会压力的最主要原因是我国巨大的贸易顺差和长期高速增长的外汇储备。在减少出口退税的情况下，会降低商品的出口，使得在进口额不变的情况下，缩小我国的出口额，经常账户上的顺差情况缓解，我国的外汇储备的规模也会随之减少，最终可以作用于人民币汇率，减轻人民币增值压力。印梅（2013）认为，出口退税率政策能够起到维持人民币汇率稳定作用，使人民币汇率时刻保持在合理区间。具体通过降低出口退税率，可以降低中国对外贸易中的贸易顺差，进而影响我国的外汇总量，最终能够缓解人民币实际有效汇率上升的压力。马敏捷、马德功（2016）构建了关于外汇储备、出口退税和人民币实际有效汇率的 VEC 模型，研究认为，在外汇储备不变多且无明显变动的条件下，提高出口退税率会引起人民币实际有效汇率的提高；在人民币实际有效汇率不发生显著波动的条件下，提高出口退税率会使外汇储备总量提升；同时没有改变出口退税率的条件下，外汇储备总量与人民币实际有效汇率呈现反向作用的联系。

"无效论"则认为，调整出口退税对人民币汇率没有什么影响。尽管我国目前实行的是浮动汇率制度，但是现实中主要是按照固定汇率的形式，影响汇率的主要因素仍然是汇率政策。金兴健（2002）认为，考虑到当前我国面临的情况是整个世界经济环境的大背景和未来发展之路的可变性，通过调整人民币汇率比改变出口退税率对我国进出口贸易的作用更显著，同时为了刺激出口，应首选货币贬值而不是出口退税政策。隆国强（1998）指出，人民币汇率是用来改善和调控对外贸易的，而设置出口退税率的初衷也是为了调节对外出口，因此借助改变出口退税率来影响和维持人民币汇率稳定是本末倒置。许南（2005）通过数据分析了我国在调整出口退税政策时对国家的对外贸易、国际收支及汇率的作用效果，最终认为政府调节了出口退税率以后，并未能改善国际贸易上顺差的情况，出口额的总量也没有受到显著影响，而且汇率在形成过程中影响因素众多也不能仅因出口退税率的调整而有所改变。余淼杰、王雅琦（2015）通过运用普通最小二乘法以及格兰杰因果检验的方法分析了出口退税和人民币实际有效汇率的关系，指出两者之间并未有明显的因果关系，互相影响程度较弱，没有显著性的相关，通过改变出口退税率来控制人民币汇率在正常的区间效果有限。

"中性论"则认为，改变出口退税率在防止人民币汇率大幅度波动上能够起到一定程度上的效果，不过从长期角度看，不能仅仅依靠出口退税来使人民币不再面临升值压力，即出口退税率的调节是没有作用的。约翰·沃雷（John Whalley, 2013）认为，在中国的发展背景下，在较短时间内，通过调节出口退税率可以控制出口量、优化出口商品布局、缓解对外交易的顺逆差、改善失调的国际账户。李永友（2004）提出，在短期内通过调低出口退税率，能够起到降低对外交易的顺差的作用，同时也能缓和人民币增值，然而在长时间情境下，调整出口退税率非但不可以缓和人民币增值，反而会在我国国内国外的整体贸易水平上起到负面影响。洪丽（2006）则从另一个角度进行解读，认为调节出口退税率或许会由于出口额增加而引起的盈余直接增加外汇储备的总额，最终会引起人民币汇率的提高，因此调节出口退税率来影响人民币汇率在短时间内可能有效果，但是不能在较长的时间内使用。

出口退税对外汇储备的影响方面，一般来说，外汇储备的供需境况对整体外汇储备规模具有关键性影响。影响外汇储备需求数量的要素大致包括：进口需要的支出、外国企业在我国投资的利润汇出、外国债务偿还的本金和利息支出及人民币汇率制度。决定外汇储备供给数量的要素大致包括：出口创造的收入、外国债务的增加和外国企业对我国投资的资金增加。对影响外汇储备的因素的研究，早期学者主要集中在实际利率、贸易总量和人民币汇率方面。随着出口退税重要程度的提高，更多的学者开始研究调节出口退税率对于我国外汇储备规模的作用。

调整出口退税率对于外汇储备的作用路径主要是通过影响出口总量来改变国际收支，而国际收支对外汇储备总量起到一定的决定作用。具体分析如下：在提高出口退税率的情况下，出口企业生产的相关产品单位成本降低，维持利润不变，产品出口价格也会下降，从而在国际上提升了产品竞争力。出口企业拥有相对价格优势，如果出口产品富有价格弹性，降低价格会使出口产品的销售收入增加，即出口额增加，在进口总量不变的情况下，那么净出口将提高，外汇储备的规模将扩大。如果出口产品缺少弹性，价格下降不会增加销量，反而会使出口企业的销售收入降低，即出口额降低。此时在进口总量恒定的情形下，净出口的总额将变小，从而导致外汇储备规模变小。

童锦治、赵川、孙健（2012）通过利用国家经济发展的一般均衡模型，首先从理论的角度分析了在贸易盈余时的短期均衡到贸易平衡时的长期均衡过程中外汇储备量的变化过程，并在此基础上量化研究了出口退税率的降低会对长期均衡时的外汇储备产生影响。最后的实证结果表明，在较短时间内，通过调低出口退税率可以在一定程度上缩减贸易上的盈余，合理调控外汇储备的总量；从长时间看，出口产品的弹性是决定出口退税率对外汇储备作用效果的关键。只有通过降低价格弹性大的产品出口退税率才能实现长期均衡外汇储备的减少。张爱敬（2007）认为，出口退税政策对外汇储备具有"双刃剑"的效应，根据当前外汇储备高的现状，建议应该将出口退税政策赋予调整地区发展结构的能力，根据实际情况针对性使用。徐蔚（2007）研究了调整出口退税率和外汇储备之间的影响机制，认为在当时外汇储备增长速度过快和流动性问题过剩的情况下，应该对国际收支设定新的目标，可以从限制外国直接投资的投向和数量、调节出口退税率的大小和创立适当汇率的决定条件入手。许生等（2008）认为出口退税可以对出口的过快增长起到抑制的作用，通过改善中国的贸易余额，最终缓解高额的外汇储备。通过对变量进行协整分析，得出在长期我国出口退税额的增加会增加长期均衡的外汇储备，但是影响较小；从短时期看，出口退税额对外汇储备产生的效应较大，出口退税率的变动能够大幅度干扰外汇储备。张晓涛、杜伯钊（2014）指出，我国的国际收支经常项目、资本和金融项目都呈现出顺差的表现，造成此种情况的具体原因是中国严重依靠外部需求、外部资金及本身国内金融市场发展不完善等。在这种情况下，政府应该加大力度改变对外贸易、外部资本和相关的产业方面的政策以适应当前的"双顺差"的形势，而不是依靠调整国内相关经济政策来达到平衡。

已有的文献更多将出口退税政策、出口贸易及人民币汇率政策放在一起来探究出口退税率对于出口的作用，但是少有文献将出口退税、人民币汇率和外汇储备同时纳入探讨，并研究三者的相互作用的路径及实证研究。

从出口退税对人民币汇率作用的研究角度看，随着规模的扩张，出口退税率的重要性日益突出，如何进一步改进制定符合我国使用的出口退税政策成为需要关注的重点。因此，通过把出口退税纳入影响人民币汇率、外汇储备的因素中，最终分析从出口退税角度给出稳定人民币汇率、控制外汇储备量的政策建议，用以保持经济在正常水平运行。

国外的学者如米希尔·A. 德赛等（Mihir A. Desai et al., 2000）采用行业平均利润率指标对美国的出口退税额和税收收入的相关性进行了分析。贾斯·马（Jais Mah, 2007）利用美国的数据进行实证分析，研究出口贸易和所得税的相关性，税收免除会带动出口价格下降，从而刺激出口增加。埃拉娜·伊恩霍维奇纳（Elana Ianchovichina, 2004）通过运用多国的一般均衡模型，分析得出中国的出口退税虽然能对中国的经济增长产生积极作用，但也让中国高估了本国的贸易量及国人的福利水平。

1.2.3 出口退税政策对出口产品结构或产业结构优化的影响分析

一国出口退税政策的实施会改变出口产品的构成，继而改进一国的产业结构。特雷夫莱（Trefler, 2004）考察了美国和加拿大自由贸易协定对两国厂商劳动生产率与就业的影响，发现了共同的现象，即受关税减免影响最大的进口竞争部门厂商的就业减少，劳动生产率提高。其中，加拿大厂商就业减少了12%，而劳动生产率提高了15%。美国的厂商劳动生产率提高了14%。帕维克里克（Pavcnik，2002）考察了智利20世纪七八十年代的贸易自由化政策，结果也发现贸易自由化有助于提高本国竞争商品部门的厂商的劳动生产率，通常进口竞争商品部门的厂商比非贸易品部门的厂商的生产率平均提高3%~10%。考察各国对外的贸易自由化承诺或政策对一国经济改革和经济绩效的影响作用，也发现严格遵守入世承诺的国家比其他国家的收入增长更快。

韦斯（Weiss，2005）对新型工业化经济体韩国、马来西亚、新加坡等地区或国家的经济进行研究发现，实行出口退税实现了地区或国家产业结构的调整及贸易结构的优化。赵齐秋等（2001）运用可计算的一般均衡模型，证明中国的出口退税政策能够通过进口中间品价格、成本、资源配置效率等渠道影响单一出口产业的发展，尤其对出口密集部门具有显著正效应，因而能够促进产业结构优化。西科维兹等（Cicowiez et al.，2010）实证分析了阿根廷的出口贸易和出口退税，研究发现，如果取消出口退税，对阿根廷出口贸易的影响具有不确定性；但认为政府所采取的财政政策工具会决定出口退税对产品出口的影响程度。

有些学者认为，税收和利润此消彼长。出口退税率下降会影响企业获利，从而使企业的出口总规模和内部各产品的出口规模都会发生变化，出口多产品的企业就会选择放弃相对盈利水平低的产品，来提升全要素生产率，实现出口企业产品结构的优化。出口退税通过实行差别退税率，借助利润使资源向所扶持产业的方向流动，实现产业结构调整。谢丽芬、谭晶（2005）分析了2004年出口退税政策对加工贸易、促进出口产品结构升级的正效应，但同时也会带来影响国内的价值链，增大贸易摩擦，加剧利用加工贸易走私等的负效应。

汤贡亮、李成威（2002）指出，出口退税政策可以通过实行差别化的退税率，使资源有效转移到支持产业，实现产业结构调整。白重恩、王鑫、钟笑寒（2011）采用双重倍差法对"高耗能、高污染、资源型"（以下简称"两高一资"）商品、易引起贸易摩擦的商品、对照组商品进行检验，结果表明出口退税税率的降低显著抑制出口增长，对出口增长产生了负面影响。张秋菊、蒋迪娜（2012）运用行业面板数据分析得出结论，出口退税对机电行业出口影响不明显；长期来看，出口退税对高新行业、传统行业、"两高一资"行业出口的增长有显著影响。毛显强、宋鹏等（2012）提出"贸易政策—经济—环境影响"的链式反应逻辑，运用 CGE 模型方法，分析出口退税政策的环境影响。分析结果表明出口退税的降低或取消能使某一行业的出口和生产受到限制，进而起到调节产业结构和保护环境的作用。

　　王孝松（2010）以 2008 年 8 月我国上调纺织品出口退税率为背景，使用 HS 十分位的数据，运用倍差法检验评估了我国对美国出口纺织品的出口退税政策的效果。结论是提高出口退税率能显著提高纺织品出口的增长率，相比未提高退税率的出口商品，在不同时期至少提高 9%~22% 的增长率。实证检验的这种政策的差异效果存在于不同出口商品大类之间，也存在于同一大类的各小类商品之间。白重恩、王鑫、钟笑寒（2011）用倍差法对出口退税率降低引起出口变动进行了实证分析。结果表明，出口退税率下调对易引起贸易摩擦的商品出口增长率负影响显著，对"高耗能、高污染、资源型"产品的出口增长率负影响不显著。闫云凤（2012）则用倍差法检验了出口退税率调整政策对我国钢铁行业产品出口减排效果的影响。结果发现，出口退税率的调整能显著降低商品出口隐含碳的增长率，相比未调低出口退税率的商品降低 39%。因而，可以把出口退税作为节能减排的重要政策工具。李未无（2013）对 2007~2009 年中国出口美国纺织品的月度数据进行 DID 检验发现，出口退税率上调有助于提高出口纺织品在美国的竞争力，对某些大类商品政策倾斜度加大，其出口价格下降幅度显著大于那些仅提高了部分细分商品出口退税率的大类商品，这体现了政策倾斜度不同带来的差异性影响。范子英、田彬彬（2014）以 2004 年 1 月国家下调部分产品出口退税率作为外生的政策冲击，运用倍差法研究得出出口退税率下调对加工企业的出口贸易影响巨大，差异化的出口退税政策是加工贸易占比过高的重要原因。鲍恩和克劳利（Bown Crowley，2003）运用倍差法，检验了中国加入世界贸易组织（WTO）前出口遭受美国和欧盟反倾销措施，产生的贸易偏转效应并不明显。陈建勋等（2005）认为，政府提高出口退税率时，能够降低国内出口企业的产品成本，进而扩大出口数量，提升我国企业的盈利能力，最终提高利润。

1.2.4 出口退税管理的研究

随着出口退税政策的实施，伴随出口退税规模的不断扩大，出口骗税的违法行为频频发生，且数额越来越大。马典祥（2004）提出建立防范出口骗税的预警机制。于维生、于惠春（2006）建立了税务机关与出口部门间的不完全信息动态博弈模型，提出在实施出口退税过程中，加强税务机关的激励机制，有利于消除税务人员的道德风险和加强退税管理。

1.2.5 对平衡计分卡方法及出口退税绩效评价的研究

20世纪90年代，美国哈佛大学教授罗伯特·卡普兰（Robert Kaplan）和诺朗顿研究院的戴维·诺顿（David Norton）提出了平衡计分卡（Balanced Score Card，BSC）框架的评价方法。两人的代表作《平衡计分卡——业绩衡量与驱动的新方法》于1992年发表在《哈佛商业评论》上。平衡计分卡以组织战略目标为中心，把战略任务和决策转化为目标、指标，从财务、客户、内部业务流程、学习与成长四个维度，以因果关系为分析手段展开战略指标的综合评价（白彦锋，2010）。这四个方面相互联系、相互影响，客户、内部业务流程、学习与成长三类指标的实现，最终将保证财务指标的实现。

随后平衡计分卡方法被广泛地运用于企业的绩效评价，并被延伸到非营利性组织和政府机构的绩效评价中。在我国，贾康、孙洁（2010）探讨了将平衡计分卡（表）方法应用于财政支出绩效评价的必要性，认为考虑到政府的特殊性，针对公共财政支出的多目标性，必须对平衡计分卡进行适当调整，并提出了财政支出绩效评价指标体系的设计思路。黄晓波、宋朋林（2012）认为，平衡计分卡法用于评价政府惠农补贴政策的绩效时，必须重新安排平衡计分卡的框架结构，把顾客（包括提供资金的纳税人和接受资金的农民）放在计分卡的最顶端。考核体系要强化以人为本的理念，在考评农业发展总体水平和速度的基础上，纳入与民众生活密切相关的指标。

现有对我国出口退税政策绩效的研究大多集中在对出口退税的经济效应分析。卞咏梅、梁静溪（2009）从静态和动态两个方面分析了出口退税的经济效应。从静态角度看，出口退税会影响国内的生产规模和消费水平，影响国家财政支出状况，进而影响生产者剩余、消费者剩余和社会福利水平；从动态角度来看，出口退税会影响生产技术水平、劳动就业水平和国家财政收入状况。

上述国内外文献对出口退税政策的研究主要局限于理论研究和定性分析，出口退税政策对贸易增长、产业结构优化、财政收入、经济增长关系的定量分析比较少。对于平衡计分卡，国内外学者较多地涉猎这一方法拓展的理论研究，只有少量的学者尝试用于非政府组织如高校的绩效评价，而用于政府支出绩效评价的研究更少，对出口退税绩效评价的研究几乎是个空白。

综合国内外文献来看，大多是研究出口退税的经济和贸易效应，研究出口退税的必要性和对本国经济、贸易的整体效应分析，通过建立模型，利用相关数据实证分析。对于出口退税政策对出口的积极作用效果，绝大多数文献给予了肯定。但由于社会制度的结构的差异，无法对其研究结论直接运用。并且大多数文献将视角放在全国全行业，并未对行业内部的差异性进行分析。由于出口退税政策的现实意义不仅局限在创汇和促进出口，更多是作为一种政府宏观调控的方式存在，因此分析出口退税对行业间的差异影响具有现实意义。对国内文献的研究发现，我国很早就有对出口退税整体效应的研究，近年来一些国内学者针对我国的产业结构特点，分析出口退税政策的行业间差异，但往往只有实证分析，忽略对传导路径和理论模型的分析，并且实证所选用的数据多采用年度数据，由于出口退税率可能在一年发生多次变化，因而使用年度数据、季度数据或月度数据可能得出不同的结论。

1.3　研究的主要内容与研究方法

1.3.1　研究的主要内容

本书以理论为依托，以实证为依据，采用定性和定量相结合的研究方法，对我国出口退税政策予以绩效评价。具体运用文献研究法、理论分析法、比较分析法、调查研究法、实证分析法等方法展开研究，本书研究的内容主要有以下七部分。

第一部分，绪论。本书查阅了大量国内外的相关文献，主要梳理了国内外学者对出口退税实施的理论依据、政策性质，出口退税率设置机理，出口退税政策对出口贸易和汇率的影响，对出口产品结构或产业结构的影响，以及平衡计分卡方法和绩效评价等一系列问题研究的相关文献并进行述评。

第二部分，出口退税政策与绩效评价的相关理论分析。一方面梳理传统、近代和现代的各个流派为促进对外贸易发展而主张实施出口免税和出口退税的相关理论，重点分析现代社会对出口退税政策中性与非中性原则的理解和评价，分析了出口退税的动态与静态效应，以及财政收入、劳动就业和生产技术效应；另一方面梳理绩效的内涵、特征，绩效评价的原则和评价方法，分析评价指标体系的设计机理和平衡计分卡的设计原理，分析出口退税绩效评价的必要性，以及平衡计分卡方法引入公共机构绩效评价和出口退税绩效评价的可行性分析。

第三部分，国内外出口退税政策的比较分析。首先梳理1949年中华人民共和国成立以来出口退税政策的发展演变，其中重点介绍1994年税制改革以来出口退税政策实施变动的情况。然后介绍欧洲、拉美及亚太等多个国家和地区出口退税的政策及操作方法，相互比较借鉴国际先进经验。

第四部分，我国出口退税政策实施的成本及效益分析。这一部分是从平衡计分卡四个维度中的财务维度层面，分析出口退税政策实施所消耗的经济成本、政治成本和社会成本，以及所带来的经济效益、政策效益和社会效益。

第五部分，我国出口退税政策效果的实证分析。这一部分是从平衡计分卡四个维度中的客户维度层面，从宏观层面分析出口退税政策对出口规模和人民币汇率的影响；从中观层面分析出口退税政策对出口产品结构的影响；从微观层面分析出口退税政策对企业行为的影响；分析出口退税政策对出口产品整体竞争力和行业竞争力的影响。出口退税政策的实施及变动影响出口企业的生产成本、出口数量、利润水平、行业利润率等指标，势必对出口产品的产业结构、汇率变动、GDP和财政收入的增长等产生重要影响。采用多元回归分析、Panel 数据分析、倍差法、协整检验、Granger 因果关系检验等计量分析方法对出口退税政策的经济性、效率性和效益性予以实证分析。

第六部分，基于平衡计分卡方法的出口退税政策绩效评价指标体系的构建。为实现出口退税的政策目标，引入绩效评价的平衡计分卡方法，考虑政府的特殊性、政府支出目标的多样性、财政绩效评价的特殊性等，对平衡计分卡研究方法的框架做必要的修正，结合出口退税所带来的经济、政治和社会的成本和效益，按照平衡计分卡的财务维度、客户维度、内部管理维度和学习与成长维度等四个维度，设置了4个一级指标、6个二级指标、22个三级指标，按照各个指标作用的不同采用层次法（AHP）分别赋予了不同的权重，构建了我国出口退税政策绩效评价的指标体系。

第七部分，出口退税政策绩效评价指标体系的实证检验及政策完善的建议。本章节选取2010~2017年的我国国民经济发展和出口退税的相关数据，以2010年的数据为基期值，对随后年份的数据进行对比、打分，尝试运用构建的出口退税政策绩效评价指标体系评价这八年我国出口退税政策实施的绩效；并针对前面章节分析的出口退税政策实施存在的问题提出了完善的路径及措施建议。

1.3.2　主要研究方法

具体运用文献研究法、理论分析法、比较分析法、调查研究法、实证分析法等方法展开研究，研究思路主要有以下几点。

第一，文献资料梳理。对目前国内外出口退税和绩效评价的相关文献资料进行搜集和整理，对出口退税理论和绩效评价理论的发展及出口退税政策实施的国际经验进行归纳思考与对比分析。

第二，定性分析和定量分析、规范分析与实证分析相结合。对出口退税政策实施的效果及对国民经济的影响进行必要的理论分析和定量分析，采用VAR模型、协整分析、Granger因果关系、Panel数据分析、倍差法等计量分析方法对出口退税政策的经济性、效率性进行实证分析。

第三，采用比较分析法。通过比较不同年份、不同行业以及国内外出口退税政策的实施，分析出口退税政策的实施与变化对不同类型的出口企业和出口商品的数量及结构的影响，从而为如何运用出口退税政策来有效调控对外贸易、产业结构等提供合理的改进建议。

第四，问卷调查和实地调研相结合。本书采用问卷调查和实地调研相结合的方式，通过走访税务机构、外贸企业、中介组织等从有关部门获得出口退税数额和产业结构变动的统计资料，运用绩效管理的平衡计分卡方法构建我国出口退税政策绩效评价的方法指标体系。

第五，政策分析。在理论研究与实证分析的基础上，提出完善出口退税政策的路径、措施。

1.4　可能的创新之处

本书的创新之处在于，尝试运用绩效管理的平衡计分卡方法，对平衡计分卡研究的框架做必要的修正，分别从出口退税直接带来的经济效应和财政效应层面（财务维度）、对出口企业和国际市场的影响层面（客户维度）、出口退税政策制定与执行层面（内部管理维度）、税务人员学习与成长层面（学习与成长维度）四个维度的六个层面，设置了4个一级指标、6个二级指标、22个三级指标，按照各个指标对总体目标的作用的不同采用层次法（AHP）分别赋予了不同的权重，构建了我国出口退税政策绩效评价的指标体系。并运用这一指标体系对我国2010～2017年出口退税政策实施的绩效进行评价。

受资料和个人能力的限制，本书的研究还存在以下不足之处。出口退税政策影响的社会层面多，绩效评价体系的构建涉及的指标多、数据多，由于无法从相关的职能部门获取足够的、系统的数据，考虑指标数据的易得性，可能导致绩效评价指标体系的设计不够全面和完善。另外，数据的不易获得，也会对最终评价结果的准确性产生一定的影响。因此，绩效评价指标体系的建立还存在着很大的改进空间，有待于研究的进一步深入。

第 2 章

出口退税政策与绩效评价的相关理论分析

对出口退税（export tax refund or export tax rebate）一词有多种理解。按照 WTO 的有关定义，对出口产品实施出口退税是为了防止国际贸易中对同一种产品出口国和进口国可能存在的重复征税而采取的措施。亚当·斯密（Adam Smith）认为出口退税是指一个国家或地区对符合一定条件的出口货物在报关时免征国内或区间内的间接税和退还出口货物在国内或区间内生产、流通或出口环节已缴纳的间接税的一种税收制度。瓦莱里亚·博尼斯（Valeria De Bonis，1997）认为，出口退税的概念可以从三方面理解，一是出口退税的主体为"出口商品"，商品出口取得相关的出口凭证后，方可退税；二是出口退税的行为过程在"退"，即对已经依法纳税的出口商品在出口时方可享受退税；出口退税的对象为"税"，是指已经依法缴纳的流转税，从大部分国家实施的税制来看，主要包括增值税和消费税。

综合上述观点，出口退税有广义和狭义之分。广义上，出口退税不仅仅指对出口货物直接退还在本国生产和流通过程中所缴纳间接税的行为，还应该包括以免税、抵税等多种形式让出口货物所含的间接税尽可能地趋于零的政府行为；狭义上的出口退税则是指前者。当前的世界许多国家开征增值税，毫无疑问地把增值税作为出口退税的主要税种。出口退税制度已然成为现代国家税收制度的非常重要的组成部分。

国内外学者多认为出口退税具有四个特征：第一，出口退税表现为一种税收收入的退还行为,与普通意义上的税收有着不同的表现形式和相反的税收目的。第二,出口退税的实施有严格的条件和标准。政府一般会根据本国对外贸易的发展状况制定出相应的退税政策,并实行统一的管理和调控。第三,出口退税的调节职能是一种单向调节,主要目的是提高出口产品的国际竞争能力,不像其他税收工具所具有的鼓励与限制、收入与减免双向并存的调节职能。第四,出口退税是通行的国际惯例。尽管各国的出口退税政策表现千差万别,如有的国家直接免税出口,有的出口后退税,也有的同时实行免税加退税政策,但是各出口国最终都是希望出口产品实现零税率,目的是促使企业以不含税的低价参与国际市场竞争。

2.1 出口退税政策相关理论分析

2.1.1 传统学派自由贸易及出口商品免税理论

出口退税的思想起源于国际贸易学说,1874年其思想首先被法国所采纳。在随后一百多年的时间里,国际贸易理论经历了从古典贸易理论到新古典贸易理论,再到新贸易理论的发展阶段。在这个过程中,出口退税的思想被延续并得到了发扬,从而被世界上许多国家所采用。

1. 重商学派

重商学派起源于16世纪中叶,盛行于17~18世纪,重商主义是国际贸易理论最早的理论学说。重商主义的经济思想认为财富有两个源泉——一是金银矿产的开采;二是发展对外贸易。这其中包含了两点经济思想:其一是认为货币(金属货币)是衡量财富的唯一标准,一切经济活动的目的都是为了获得金银财富。但除了金银矿产的开采之外,只有通过对外贸易才能获取金属货币。因此,国家的富强与巨大的贸易顺差有着密切的关系。国家进出口越多,获得的金银财富越多,国家就会更富裕、更强大。因此,政府就应该极力地鼓励商品出口、限制商品的进口。其二是由于一定时间内金属货币的总量保持固定,因此不可能所有参与贸易的国家都同时出超,所以,一国的贸易利得总以他国的贸易损失为代价,即国际贸易表现出一种"零和博弈"。重商主义关注资本原始积累,强调国际贸易让本国财富增加的重要作用,对国际税收思想的形成亦有一定的影响。贸易增加本国财富的思想体现在重商主义重要的代表人物托马斯·孟提出的对"输出国外商品免税,转口贸易轻税,消费品进口课以重税"的主张中①。

2. 重农学派

重农学派产生于 18 世纪 50~70 年代的法国,当时的法国以农业生产为主。该学派认为农业是唯一的生产和创造财富的部门,以此为理论基础反对重商主义学说。其先驱阿吉尔贝尔(Agilbur)最先提出进口商品征税和出口商品免税的思想,被认为是出口退税思想的起源。他在《法国的辩护书》(1706)中提出,为避免税收带来的可怕的后果,应取消或整顿国内的关税、出口税和渡河税等,出口税应全部取消,进口税税额应保持现状,且应消除手续上的烦琐,不要让外国人望而却步②。

3. 古典学派

古典学派产生于 17 世纪中期的英国,代表人物威廉·配第(William Petty)和亚当·斯密(Adam Smith)反对重商学派把对外贸易作为财富唯一源泉和重农学派只有农业才能创造财富的片面观点,提倡自由竞争的市场机制,反对国家干预经济生活。在国际贸易研究方面主张自由贸易,提出比较优势理论。但对出口退税问题的研究还只局限于从自由贸易利于商品贸易的角度来分析,而另一代表人物大卫·李嘉图则是从税收的来源和转嫁角度来分析出口退税的问题。

威廉·配第认同和发展了重农学派的出口商品免税的思想。在其发表的《赋税论》③中,重点阐述了税收标准、税种利弊和征税方法等税收思

---

① [英]托马斯·孟等. 贸易论[M]. 顾为群等译. 北京:商务印书馆,1982.
② [法]布阿吉尔贝尔. 布阿吉尔贝尔选集[M]. 伍纯武,梁守锵译. 北京:商务印书馆,1984.
③ [英]威廉·配第. 赋税论[M]. 陈冬野译. 北京:商务印书馆,1962.

想。在当时，威廉·配第已经意识到重复征税、流转税税负最终都会转嫁给消费者负担等一系列问题。因此，他认为出口商品没有以实物形式在本国消费就不应该被课征消费税，只有在本国消费的商品才应该被征税，不管这个商品是本国生产的还是由国外交换来的。

亚当·斯密在其代表著作《国民财富的性质和原因的研究》[①] 中，从有利于商品出口的角度专门分析了退税问题。他认为国内商人不可能不去追逐国内市场而盲目地开展海外贸易，因此就需要一系列的刺激措施来推动出口。其中出口退税的做法不会造成出口倾销而扰乱价格，普遍被认为是最为合理的。商品出口时，退还本国生产流通中的国内税收的全部或一部分，并不必然带来无税货物出口量的增加，出口退税的奖励不会驱使大部分的资本违反自然规律转向其他特定用途。退税不会使资本流入大于在没有进口税时的资本流入，只不过使进口税不至于完全排斥此种贸易。关税的收入不会因退税而受损反而会增加，因为在退税时仍然有部分关税得以保留。但如果保留全部关税的话就会使含税的外国商品价格上升从而缺少竞争力，进口就会下降从而影响进口关税的税基。亚当·斯密指出，只有出口商品真正出口并在进口国消费，满足这两点，出口退税制度才会带来益处。出口退税的思想虽然由亚当·斯密首先比较完整地提出，但他并没有从税收来源的角度去思考问题，仅仅只是从自由贸易、便利商品出口的角度去认识问题。

古典学派另一代表人物大卫·李嘉图（David Ricardo）则尝试着从税收来源及转嫁角度去认识出口退税的本质。他认为一个国家如果出口因享有特殊便利条件而比其他国家输出有更高效率的同类商品时，这种商品税会毫无疑问地完全落在外国消费者的身上。该国政府支出的一部分就将由外国的土地和劳动所有者承担，这不符合税收公平合理负担的原则。但是，如果一个国家闭关自守，不与邻国通商，就不能把税赋的任何部分转嫁出去[②]。

这一时期国际贸易理论研究的基本假设条件包括五个方面。一是企业具有完全竞争性；二是生产要素可以自由流动，增加某种商品生产的机会

---

① [英] 亚当·斯密. 国民财富的性质和原因的研究 [M]. 郭大力，王亚南译. 北京：商务印书馆，1972.
② [英] 大卫·李嘉图. 政治经济学及赋税原理 [M]. 郭大力，王亚南译. 北京：商务印书馆，1976.

成本不变；三是本国范围内的生产资料可以得到充分利用；四是生产要素不在国家间流动；五是各国对商品贸易不加干预。其核心内容是比较优势理论，包括技术差异论和劳动生产率差异论两种。技术和劳动生产率的差异是各国生产同一产品存在价格差异的重要原因，这种价格差是国际贸易的原因或动力；每个国家专门生产比较优势的产品并进行国际贸易交换是国际分工的结果；各国通过国际贸易都能够获得国民收入的提高。而出口退税思想的提出使各国生产产品只需考虑这两种差异的影响，而不受其他因素影响。当然这只对技术和劳动生产率比较接近的国家有利。

这一时期，瑞典经济学家赫克歇尔（Heckscher）和俄林（Ohlin）提出了生产要素禀赋论观点①。他们认为现实生产除了劳动还受多种生产要素如土地、资本等的影响，不同的产品需要不同的生产要素的配置。各国资源储备的丰裕程度决定了各国生产要素的价格差别，从而造成产品生产的成本差别，进而影响产品的价格差别。也就是说，在生产技术水平相同的情况下，两国生产同样产品的价格会由于两国资源的丰裕程度不一样可能会有很大的差异。

世界各国普遍对本国重要商品的生产都采取保护性的措施，并且通过征收较高的关税抵制从其他国家进口的同类商品。一百多年来，世界上许多发展水平较高的国家都在努力争取提升本国商品的国际竞争力，同时也在寻求与发展水平相近和地缘优势相连的国家建立各种自由关税区或关税联盟，以此来开拓国际市场，努力创造自由贸易的环境。

从1874年法国首先实施出口退税政策以来，随着国际贸易理论的发展，出口退税俨然已成为各国出口政策的重要组成部分。

2.1.2 近代出口退税理论

自亚当·斯密以后，对出口退税理论的研究主要表现为以下三种理论。

---

① ［瑞典］伊·菲·赫克歇尔，戈特哈德·贝．赫克歇尔－俄林贸易理论［M］．陈颂译．北京：商务印书馆，2018．

1. 价值规律理论

由于各国的自然条件及资本、技术、劳动力等生产要素投入差异而产生的劳动生产率不同等原因，世界各国出口商品的"个别价值"和其"社会价值"可能并不一致，而社会价值才是出口商品交换的基础。经济发达国家出口商品普遍是社会价值大于其个别价值，而发展中国家可能正好相反。出口商品的价值＝成本＋税金＋利润，要想使出口商品的个别价值小于社会价值，可以通过侵蚀产品成本、降低生产者利润和出口退税三种方法实现。然而，在激烈竞争的商品经济条件下，要使出口企业能够生存并发展起来，不论是侵蚀产品成本还是侵蚀产品利润都是不明智的做法。因此，为了促进本国商品在国际市场上较为顺利地实现社会价值，最好的选择便是实行出口退税政策。

2. 避免双重征税理论

在世界各国积极开展对外贸易和投资的情况下，为了避免国际双重征税，国际社会已达成共识，需要协调各国的税收管辖权。尽管各国国内商品税制度和税率结构都不尽相同，但流转税的征税原则可以概括为生产地征税和消费地征税两种原则。多年的理论研究和各国的税收实践都表明，世界各国如果统一地实行消费地征税原则，将更有利于各国发挥比较优势，促进各国资源在国际的优化配置。按照消费地征税原则，出口国退还出口货物本国所征的流转税，进口国则对进口货物全面征收进口税收，并用此收入弥补出口退税支出，实现"以进养出"的良性循环。出口退税被普遍认为是一个主权国家的一种自主行为，不需要与他国签订避免双重征税的双边协议或多边协议。

3. 税赋转嫁理论

作为一个主权国家为了各自的国家利益和经济发展政策会实施不同的税收制度和税制结构，但这不应该通过国际贸易将本国的税收观念强加给其他国家。而且，生产环节和销售环节征收的间接税的税负最终会转嫁给消费者承担，消费者只应承担本国的纳税义务，享受本国政府提供的公共服务。国际贸易让进出口商品的生产国与消费国相分离，因此，对国际贸易进出口的商品生产出口国实施出口退税、进口消费国政府征收相应的流转税已经被国际社会所共识。实行出口退税能够较好地消除本国经济政策对出口的影响，从而有效地保障市场公平竞争。按照《关税与贸易总协定》（GATT1994 中文版）第二部分第六条反倾销税和反补贴税第 4 款规定："一缔约国领土的产品输入到另一缔约国领土，不得因其免纳相同产品在原产国或输出国用于消费时所须完纳的税捐或因这种税捐已经退税，即对它征收反倾销税或反补贴税。"这表明出口退税不同于出口补贴，符合 WTO 的规则，已然成为一种国际惯例。

2.1.3　现代出口退税政策中性与非中性原则分析

出口退税政策除了应该遵循总体税制所必需的公平原则和效率原则，保证税收对国民收入再分配的公平和尽量减少对经济活动的扭曲外，从出口退税的独特性来看，出口退税政策还有着中性与非中性之争。中性的出口退税政策还应遵循公平贸易原则、公平税负原则、间接税属地管理原则、国民待遇原则；非中性的出口退税政策则遵循着宏观调控的原则。

1. 出口退税政策中性原则

所谓"税收中性原则"是指国家课税使纳税人因纳税而承受税收负担外，不再遭受其他额外负担或经济牺牲。税收中性原则最早起源于英国古典经济学派的相关税收理论的研究中。亚当·斯密主张自由竞争，反对政府过多干预市场，主张把税收职能限制在仅仅满足国家公共需要的范围之内。税收中性原则广受西方经济学推崇，是税法的基本原则。秉持税收中性的制度应当不影响市场经济运行，不扭曲市场经济行为，要有利于市场配置资源基础作用的发挥。中性的出口退税政策被认为是通过消除出口税收歧视来达到公平税负、平等竞争目的（邓力平，1996）的政策，这一政策还应遵循公平贸易原则、公平税负原则、国民待遇原则及间接税属地管理原则等。由于各国的政治制度、经济、历史和传统都存在差异，导致各国的税收制度各不相同，为保证商品在国际市场的公平竞争就有必要遵守公平贸易和公平税负原则。公平贸易原则又称公平竞争原则，是 WTO 倡导的一项基本原则，其基本含义是要求所属成员国和出口经营者不得采取不公正的贸易手段进行国际贸易，或扭曲国际贸易市场的竞争秩序。由于各国的税制不同，相同的商品以不同的含税价格进入国际市场显然违背了这一原则。对出口贸易的商品给予出口退税，可以有效地维护国际贸易的自由与公平竞争，促进国际贸易的健康发展。国民待遇原则是指对外国商品或服务与本国国内商品或服务处于同等的待遇，强调的是税负公平。按照这一原则，各国会对进口商品征收与国内生产商品同样的间接税。如果一国对外出口商品没有给予出口退税，在进入其他国家时又被征收一道国内的间接税，如增值税、消费税、销售税等，这不仅会造成重复征税的局面，也造成本国出口产品国际竞争力下降。从理论上说，增值税、消费税、销售税等产生于生产和流通中，都具有间接税税负转嫁的性质。即名义上的纳税人是生产和流通企业，但最终税负则由消费者负担。间接税秉承属地征管的原则，各国消费者只应向本国政府承担纳税义务，享受本国政府提供的公共服务，不应该承担其他国家的税收义务。如果别国出口的商品不给予出口退税，或者出口国与进口国各自行使"生产地征税"与"消费地征税"原则，进口国消费者需要承担双重税负则明显不公平。为了避免重复征税，使国内商品和进口商品公平竞争，享受同等的待遇，许多国家达成共识统一实行消费地征税原则，对出口商品放弃征税权力给予出口退税，进口国对进口商品和本国生产商品同等征税，体现国与国之间相对独立、互不干预的原则及国民待遇原则。中性的出口退税原则主张"征多少退多少"及"出口全额退税"的目标，应努力避免"多征少退"带来的含税出口或"少征多退"导致的低价倾销的贸易摩擦问题（邓力平，1996）。

出口退税的中性特征主要体现在税率和税负两个方面。一方面，出口国对出口产品实行"彻底退税"或"出口全额退税"或"出口零税率"政策，征多少退多少，征税率与退税率相同体现出口退税的税率中性；另一方面，一国出口退税政策对不同的贸易方式和出口经营方式，对不同类型的出口企业的经济影响应是无偏差的，使退税后不同类型出口企业的税收负担尽可能地保持一致，体现出口退税的税负中性。

2. 出口退税政策的非中性原则

从世界各国的出口退税实践来看，理想的体现中性的出口退税政策的实施对一国的经济发展水平、增值税制度及税收征管能力等都有着较高的要求，而我国目前处在社会主义发展的初级阶段，是世界上最大的发展中国家，目前所处的国际地位让我们尚不具备这些条件。我国人口多、底子薄，GDP总量虽然在世界名列前茅但人均水平并不高。2016年5月1日，增值税完成营改增改革，但增值税仍然存在着税率过多、抵扣不规范、征管成本高等问题，有待进一步完善。另外，国际市场变化多端，中美之间的贸易摩擦已给中国出口贸易和国内经济发展造成了很大的损失，仍未见丝毫结束的迹象。因此，无论从过去和现在的时局来看，我国均不具备建立中性出口退税的经济基础，目前选择中性与非中性相结合的出口退税政策应是最现实的选择。

非中性的出口退税政策采用多种可以促进出口增长的措施，如采用差别退税率、不同的退税方法、税收减免、出口信贷支持等，来促进一国外贸发展。对出口产品在生产或出口环节给予税收减免，出口时又按照法定税率去退税，就会出现"少征多退"的问题，相当于变相地给予了出口补贴。而这种变相的补贴与直接的出口补贴相比符合国际惯例，能够被国际社会所接受。因此，有人认为非中性的出口退税政策等同于税收优惠政策、出口退税补贴政策等。

由于商品在现代产业分工明确精细的情况下涉及的生产流通环节很多，实施出口退税由于存在税收优惠按规定的税率退税出现少征多退的情况，可能遭遇他国贸易摩擦，但如果按规定的退税率退税也可能存在退税不足的情况。按照WTO的规定基本限制了各国出口退税率超过税率的现象，退税率一般都会小于征收率。退税不足含税出口，进口国按消费地原则征税，仍然可能存在一定程度的重复征税。这既不利于本国商品参与国际竞争，也不利于进口国消费者的税负公平。以消费地征税原则为基础的出口全额退税过多相对于退税不足，从出口国政府和出口国生产者的角度更易于接受前者，国际社会也普遍认同。例如，《关税与贸易总协定》的注释和补充规定中，关于第十六条一般贴补有这样的一解释："免征某项出口产品的关税，免征相同产品供内销时必须缴纳的国内税,或退还与所缴数量相当的关税或国内税,不能视为一种贴补。"进口国也就不得征收反倾销税或反补贴税。

与中性的出口退税政策促进公平贸易、实现公平税负原则不同,非中性的出口退税政策往往着重于对出口的各种促进、调节或限制,因而成为政府宏观调控的重要手段。一国的出口退税政策在退税主体资格、退税产品范围、退税率调整、退税方式方法的不同选择,鼓励、限制、禁止等多种方式并举,可以有效地调整一国的产业结构和出口商品结构,对保护本国资源、提升出口效率等方面产生积极的宏观调控效果。

2.1.4 出口退税政策的经济学分析

在局部均衡分析的框架下,对出口退税的经济效应分析一般从静态效应和动态效应两个角度进行。

1. 出口退税的静态效应分析

从静态角度看,出口退税会通过税收乘数和对外贸易乘数对国内相关行业的生产规模、居民的消费水平以及财政支出水平的作用影响到国内消费者剩余、生产者剩余和福利水平。从经济学的微观理论上看,出口退税率上升使出口企业的出口成本降低,进而在利润不变的前提下降低了出口产品的价格,使之在国际市场上更具竞争力,从而增大出口,增加利润,扩大出口规模。

如图 2-1 所示,未调整退税率时,世界市场的供需达到均衡,D 表示世界需求曲线,S_0 表示世界供给曲线。均衡时的价格和产量为 P_0 和 Q_0;当上调出口退税率时,相当于降低了商品出口价格,企业有利可图,进而扩大生产,外国市场进口需求增加,作为出口大国对世界供给产生影响使之右移至 S_1,形成新的均衡点 (P_1, Q_1),$Q_1 - Q_0$ 即为增加的出口量。当然出口量增加的多少还会受到供需弹性的影响,因此分析出口退税政策对不同行业产品的出口效应时还要考虑出口商品的需求弹性问题,需求弹性小的行业,政策影响效应不大;反之,可能影响会比较大。

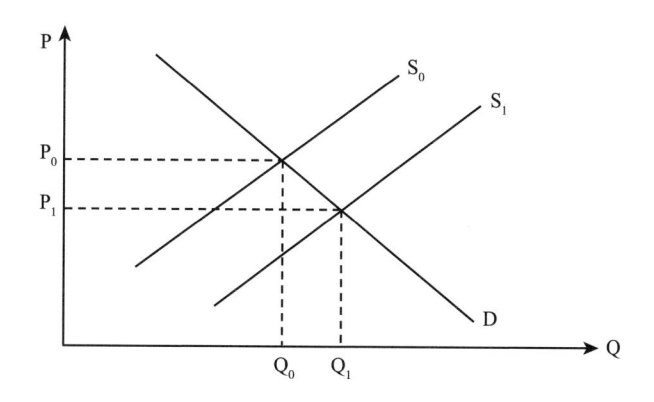

第 2 章
出口退税政策与绩效评价的相关理论分析

图 2-1 出口退税静态效应

2. 出口退税的动态效应分析

和短期的影响可能有所不同，长期的出口退税政策影响着财政收入、劳动就业和生产技术三个方面。

实施出口退税，从短期来看，财政收入会因为退税有所减少；但从长期来看，出口退税促进出口，能够扩大出口产品的国内生产规模，并带动相关的原材料、生产设备等上下游相关产品的生产和进口的增大，进而增加社会的销售收入和税收收入。财政收入的增长，又可为出口退税提供保证，从而形成出口退税促进国际贸易增长、经济增长和财政收入增长的良性循环。出口退税的财政收入效应如图 2-2 所示。

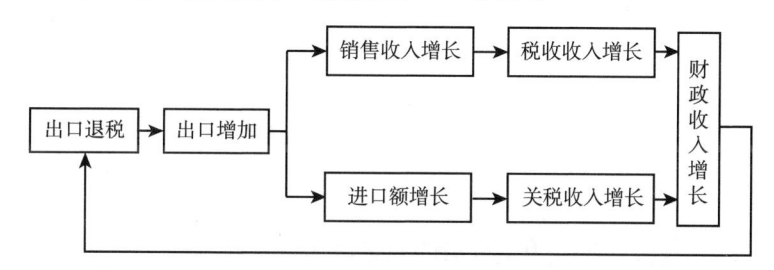

图 2-2 出口退税的财政收入效应

实施出口退税会刺激出口增加。根据凯恩斯的经济学理论，在不完全就业的情况下，对外出口量的增加也就意味着生产量的增加和就业增加，会促使国内的劳动就业率上升。出口增加带来出口企业的利润上升，一方面刺激企业对内对外投资的动能增加，可能相应地带动投资品、机械设备等进口的增长；另一方面出口企业职工收入增加，会增大消费欲望和消费需求，势必带动消费品进口需求也会有所增长。出口退税的劳动就业效应如图2-3所示。

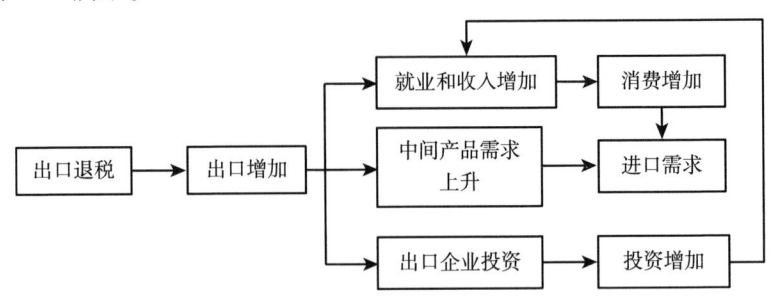

图2-3 出口退税的劳动就业效应

出口退税刺激出口，可以带来出口商品生产规模的扩大、生产边际成本的递减，产生规模效应。出口企业加强生产工艺的创新和技术研发，能降低产品成本，提高生产效率。另外，由于国际市场的竞争压力也会刺激企业通过技术进步来提高效率。出口退税的生产技术效应如图2-4所示。

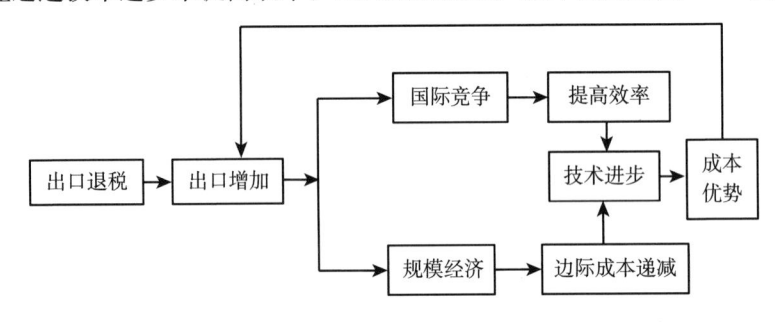

图2-4 出口退税的生产技术效应

2.2 绩效评价的内涵与设计机理分析

2.2.1 绩效评价的内涵与特征

所谓绩效是指在一定的时间与条件下，一个组织或一个个体完成一项任务后所取得的业绩、效率及效益，属于管理学研究的一个重要范畴。从字面的意思来看,"绩"主要指的是业绩和效果,比较侧重任务完成的数量与质量;"效"主要侧重于描述任务完成的效率和效益。我国学者范柏乃(2007)认为,绩效是完成一种行为后所产生的后果,主要用来描述目标的完成程度,它是一个客观存在的事务。绩效必须具有一定的实际效果,没有实际效果的结果不能算得上绩效。绩效产生于实际工作过程中,是主体作用于客体呈现出的效果。绩效是投入产出比例关系的表现,投入的多产出的少,则绩效差;反之,则绩效好。绩效一般还应具有可度量性。

绩效的主要特征表现在:(1)多因性,是指绩效的优劣受多种因素的影响,包括主观因素和客观因素;(2)多维性,是指需要从多种层面、多个维度去进行指标分析和绩效评价,才能得到真实可靠的绩效评价结果;(3)动态性,是指绩效只是一段时间内主体作用于客体的反映,由于时间、地点的改变,能力水平、外部环境、激励状态等内在因素和外在因素的变化,绩效也会相应地发生变化。

评价按照管理学的概念,是指为达到一定的目的,运用特定的指标和标准,采取特定的方法,对测定对象的行为结果做出价值判断的一种认识过程。绩效评价则是对业绩和行为的量化评价。具体来说,绩效评价主要是指对行为产生的效率和效果的测度,它的根本目的是通过对评价主体的劳动耗费和劳动成果进行比较来反映最大程度获取的劳动收益。按照财政部的定义,财政的绩效评价是指财政部门和预算部门(单位)根据设定的绩效目标,运用科学、合理的绩效评价指标、评价标准和评价方法,对财政支出的经济性、效率性和效益性进行客观、公正的评价。

2.2.2 绩效评价的原则与方法

20世纪80年代以来,西方发达国家总结绩效审计的理论与实践,并借鉴其他学科发展的成果,提出了绩效评价的"3E"原则,即经济性(economy)、效率性(efficiency)和效果性(effectiveness)。20世纪90年代,新公共管理理论不断渗入西方国家的政府实践,使人们对政府的服务质量、生态环境、就业和公众满意度愈加重视,评价的理念和评价的内容都发生了很大的改变。公平性（equity）原则越来越成为绩效考评的重要范畴，相应的衡量指标数量不断增加，"3E"原则与时俱进的发展成为"4E"原则。此外，还有些学者提出，绩效评价还应遵循规范性的原则，因为对政府行为及政策的评价应遵循一定的规范，确保其在相关法律制度约束下有序进行。

绩效评价可以采用的方法有很多。在评价的实践中，评价者可以根据不同的评价目标、评价对象采用不同的评价方式或方法，或者综合起来使用，优势互补，以保证评价的有效性。比较常用的评价方法主要有专家评价法、投入产出法、层次分析法、数据包络分析法、模糊综合评判法、灰色关联分析法、人工神经网络评价法、平衡计分卡方法等。2011年4月，财政部颁布《财政支出绩效评价管理暂行办法》，提出财政支出绩效评估的方法可以采用成本效益分析法、比较法、因素分析法、最低成本法、公众评判法及其他评价方法等。

总的来说，评价方法是实现评价目标的技术手段，正确选择评价方法是实现评价目标的基本前提。评价目标与评价方法相匹配才能很好地体现评价的科学性。当然这种匹配或适用，并不是说评价的特定目标与特定的评价方法一一对应，而是应该针对特定的评价目标，尽可能地选择相对高效、合理的评价方法。

多种多样、各具特色的评价方法，方便我们针对不同的评价工作选择合适的评价方法。在选择评价方法时应适应考量评价对象的差异和评价任务的不同要求，根据现有的资料做出科学的选择。换言之，评价方法的选取应取决于评价的目的和被评价主体的特点。在选择评价方法时可以参考以下几条原则：一是选择评价者最擅长的评价方法；二是选择具有坚实理论基础的、易被人们所信服认可的方法；三是尽量选择简洁明了的方法；四是选择能够正确地反映评价对象和评价目的的方法。

2.2.3 绩效评价指标体系的设计机理

确定绩效评价的指标体系首先要明了评价的对象，明确评价的内容，设定绩效评价的目标。绩效评价的目标是指对评价对象提出的预期所要达

第 2 章
出口退税政策与绩效评价的相关理论分析

到的产出和效果，即绩效目标。绩效目标主要包括预期产出、预期效果、服务对象或项目受益人满意程度、达到预期产出所需要的成本资源等内容。明确的绩效目标应当满足指向明确、细化具体、合理可行等基本要求。

　　进行绩效评价，关键在于确定评价的指标体系，而确定绩效评价指标更是一项重要的基础工作。绩效评价指标是测度绩效目标实现程度的考核量化工具。评价指标的选择是否得当、合适，对评价的对象具有举足轻重的作用。选择评价指标时应当遵循相关性、重要性、可比性、系统性和经济性等多项原则。绩效评价指标可分为共性指标和个性指标。共性指标是指适用于所有评价对象的指标，一般由负责评价的权威部门统一制定。个性指标是针对具体项目特点设定的，不同的项目一般会有很大的差异性，通常由评价的管理部门会同具体评价部门协商制定。绩效评价的指标体系是一个多层次的有机整体，由多个相互联系、相互作用的评价指标组合而成。评价指标体系是联系评价专家和评价对象的桥梁与纽带。只有科学合理的评价指标体系，才可能得出客观真实、科学公正的综合评价结论。

　　评价指标体系的建立，要考虑具体的评价对象和评价问题，要有一定的科学性和灵活性。在建立评价指标体系时，应遵循以下原则：一是评价指标宜少不宜多、宜简不宜繁。评价指标的设计应考虑各个指标在评价中的作用大小，并不是设计得越多越好。评价指标如果选择太多就容易出现重复性的指标，对评价产生干扰；指标选择太少了，就会缺乏代表性，评价易产生片面性。设计的指标应按照一定的原则或标准进行筛选，所形成的评价指标体系应能全面反映评价对象的信息，涵盖为达到评价目标所需要的基本内容。而且，精练的评价指标可以减少评价的经济成本和时间成本，有利于提高评价工作的效率。二是评价指标应具有相对独立性。每个指标都要指向明确、层次分明、内涵清晰、简明扼要。同一层次的各项指标间应尽量不重叠，保持一定的独立性。整个的评价体系要能确实反映整体评价的意图。三是评价指标应具有代表性与差异性。有代表性的评价指标能够很好地反映评价对象在某方面的特性，差异性的指标聚合在一起，才能够全面包含评价对象的内涵。四是评价指标应具有易得性和可行性。

设计的指标要区分主次轻重，做到层次清晰；评价指标的相关数据有着真实、可靠的来源渠道。评价指标内涵明确、评价意图明确，才能取得好的评价效果。不同的评价方法对指标体系的要求会存在着一些差别，有的时候可能需要先确定评价方法再去构建评价指标。综合评价的指标体系需要针对实际情况在实践中不断加以完善。

在对评价对象进行综合评价之前，可能需要将不同类型的评价指标做一致化处理，如有些指标是正指标，有些指标是逆指标。这样的指标要做同趋势化处理，以保证评价指标间具有可比性。此外，评价指标也有着定量指标和定性指标之分。在综合评价时，不同的定量指标其性质和量纲也有所不同，会造成各指标间的不可共度性，需要进行统一和规范。对评价对象设定的定性指标，如果直接使用会有些困难，通常也需要经过各种量化处理，使量化后的指标可与其他定量指标一起使用。

2.3　出口退税政策绩效评价的必要性分析

对经济政策进行绩效评价，一般是指依据一定的标准和程序，运用科学的技术和方法，对政策的价值、合法性、运行效果进行预测和判断的一种公共政策行为（马之超，2017）。经济政策评价主要包括政策的效果评价、效率评价和效应评价三部分。其中，政策效果评价主要评价政策制定所设置的预期目标是否实现及实现的程度，实施后产生的各种正面和负面的影响，以及带来的经济效果和社会效果如何。政策效率评价主要衡量政策实施所消耗的社会资源多少。效率评价的最优目标就是以最小的资源投入得到最大的政策产出。政策效应评价主要关注政策执行后，其对国民经济发展、社会公平正义、社会公众反应的影响如何。最终的结果评价标准就是看经济政策是否有利于社会生产力的解放与发展，政策的成本和收益在不同阶层或群体之间、不同的行业或区域之间分配的公平程度，以及社会公众的获得感如何、满意程度如何等。

20世纪六七十年代，西方许多国家政治、经济和社会的种种弊端，迫使政府开始审视自己现有的行政管理和社会治理模式，并想方设法寻找新的、可替代的治理工具。借鉴商业管理的理论、方法和技术,许多西方发达国家引入市场竞争机制,以提高公共管理水平及公共服务质量为目的,开始了一场名为"新公共管理"的国家治理运动。精减政府机构、提高办事效率、打击官员贪污腐败等,改造政府是其主要内容。这场改革使成本与效率观念、市场机制与竞争措施在政府管理的实践中得到了发展。随着"新公共管理"运动的开展,社会公众对政府行为的可控性和可测量性有了更高的要求,在这种背景下,私人部门卓有成效的绩效评价被引入公共部门,成为提供经济决策和公共管理水平的主要措施之一。新公共管理理论对经济政策和公共支出绩效评价的影响,主要体现在以下几个方面:第一,新公共管理运动奠定了绩效评价的制度基础。公共服务社会化、分权化管理、顾客导向等是新公共管理运动改革的新取向,这些新取向为政府经济政策和公共支出的绩效评价奠定了制度基础。第二,新公共管理运动对绩效评价体系的形成起到了推动作用。政府实施绩效管理的最关键问题就是进行绩效评价,客观、公正、科学的绩效评价是绩效管理成功的关键。在新公共管理运动的推动下,西方国家已经建立了一套科学、合理、系统的绩效评价体系。第三,新公共管理运动促进了绩效评价的制度化、法制化。这表现为西方国家普遍制定了绩效管理和评价的政策和法律法规,使绩效评价有法可依。

经济政策的评价要关注政策投入的成本和政策实施后所带来的效益及效果,从经济学研究需要的"经济人"假设来看,政府行为也是应该尽可能地讲究经济效益的。成本效益分析(cost-benefit analysis)原是私人部门对经济活动进行可行性分析的方法,后被引入公共经济领域。20 世纪 40 年代,由美国经济学家尼古拉斯·卡尔德(Nicolas Karldor)和约翰·希克斯(Josh Richard Hicks)总结提炼成本效益分析方法。以最低的成本费用支出取得最大的经济和社会效益,坚持成本效益分析理论或原则是经济决策的重要基础。公共支出的成本费用与收益存在着多种不同的类型,如实际与金融的成本与效益、直接与间接的成本与效益、有形与无形成本与效益、内部与外部成本与效益、中间与最终成本与效益等。不论是公共支出的费用还是公共效益计算起来都较为复杂,但仍然要讲究经济核算和效益。

经济政策的制定和实施，实际上也是一个国家社会资源消耗支出的过程。相对于人们的需求，社会资源和财政预算资源也总是存在着稀缺性。财政预算资源主要来源于政府从社会公众那汲取的税收收入，而税收收入通常被看作是人们购买公共产品所付出的代价。不论是购买公共产品还是私人产品的选择都存在着机会成本，理性的消费者通过比较公共产品和私人产品的效用进行选择。在社会资源有限的情况下，公共产品对私人产品有着挤出效应，公共部门拥有公共权力且不受过多约束，又缺乏竞争，那么公共资源配置能否取得比私人资源配置或者市场提供更好的效率自然而然地就成为社会公众关注的热点问题。因此，对公共决策和公共支出的项目很有必要进行绩效评价，以此来衡量财政预算资金支出的有效性。在评价中引入外部的评价力量和社会监督，将评价的结果同相关政府部门的业绩、官员的个人激励相结合，才能让经济决策和公共支出更有效率。

政府通过征税筹资进行社会的公共管理，满足纳税人的多种需要，按照委托代理理论，纳税人是委托人，政府部门作为纳税人的受托人而存在。因此，政府部门有责任也有义务对其使用财政资金的预算安排、支出管理过程及结果效益等，建立一套科学的绩效评估体系，并在公共评价中引入外部的评价力量和社会监督，让委托人即纳税人通过评估结果，全面、客观地了解和衡量政府部门财政资金支出和管理的有效性。通过衡量和监督政府支出，努力提升社会资源使用效果最大化的目标。

出口退税作为鼓励国际贸易发展的一项税收政策，是国家经济政策的重要组成部分。2017年出口退税额高达13 870.37亿元，占GDP的比重达到1.68%[1]，对国民经济的影响力不容小觑。因此，对出口退税政策进行绩效评价研究具有非常重要的理论意义和实践意义。建立科学、合理的出口退税政策绩效评价体系是国家经济快速发展的要求，也是我国税收现代化建设的重要组成部分。出口退税政策的评价是检验相关税收政策有效性的基本方法和途径，也是决定相关政策存废的重要依据，是实现公共决策科学化的必由之路。

对经济政策的评价在我国目前还是一个相对薄弱的环节，可能有些人

---

[1] 根据2018年《中国统计年鉴》的相关数据计算。

认识高度不够，认为评价可有可无。在实际评价中也存在着评价目标不明确、评价指标不完整、更多的价值判断的定性评价和定量分析不足等问题。对出口退税政策进行绩效评价主要内容包括：出口退税政策是否贯彻落实了税收法定原则，有无存在立法缺陷，立法层级如何；政策颁布的主体资格是否适合，内容是否合规；政策的落实或操作中是否存在效益扭曲和效果偏差等。通过政策评价获取相关的信息，对出口退税政策实际执行中存在的问题及时纠偏，可以更好地调整和运用出口退税及相关的政策，充分发挥出口退税鼓励、调节和限制的作用，达到促进对外贸易、提振经济发展、带动产业结构调整和经济发展方式转变的目的。

2.4 平衡计分卡方法引入出口退税政策绩效评价的可行性分析

2.4.1 平衡计分卡方法绩效评价的基本原理

平衡计分卡方法（balanced scorecard，BSC）是由美国哈佛商学院的教授罗伯特·卡普兰（Robert Kaplan）和诺朗顿研究院的大卫·诺顿（David Norton）最先提出的一种衡量组织绩效的方法。1992年，他们共同在《哈佛商业评论》上发表了《平衡计分卡——业绩衡量与驱动的新方法》一文。超越传统的以财务量度为主的绩效评价模式，从评价对象的愿景与战略目标出发，将组织战略落实为可操作的衡量指标，设计了财务（financial）、客户（customers）、内部经营流程（internal business process）、学习与成长（learning and growth）四个维度来分析企业的绩效管理。这几个维度分别代表了股东、顾客、员工等利益相关者，多角度选择的多层次指标之间具有因果关系，相互补充，相互配合，相互制衡，弥补了单纯用财务指标进行绩效评价的不足。四个维度的指标之间相互影响、相互作用，其中，客户、内部经营流程和学习与成长三个维度指标的实现，最终要保证财务维度终极指标的实现。这样在实现顾客和员工利益的基础上，以获取企业效益的最大化。平衡计分卡四个维度的关系可以用图 2-5 表示。整个平衡计分卡则包括战略图、指标卡与计分卡、绩效考核量表，层次明了，量化清晰。

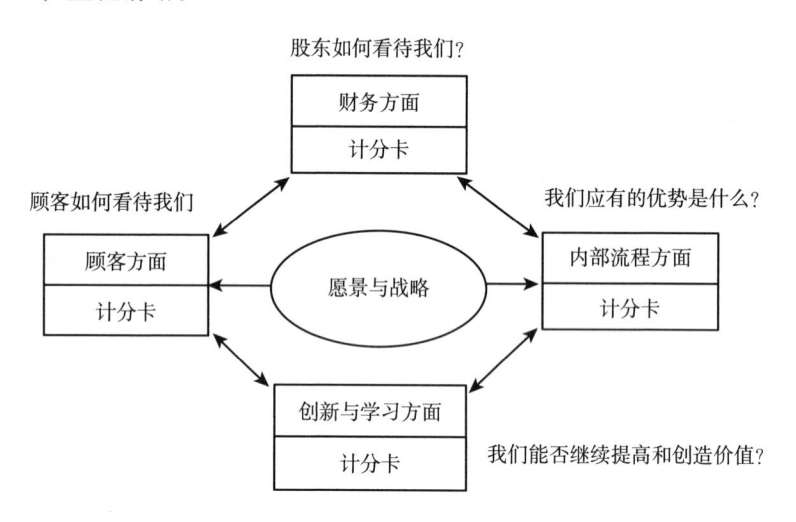

图 2-5 平衡计分卡基本框架

资料来源：［美］罗伯特·卡普兰，大卫·诺顿. 平衡计分卡——化战略为行动［M］. 刘俊勇等译. 广州：广东经济出版社，2004.

1. 财务维度

财务指标是绩效评价之中必不可少且最重要的指标，主要显示企业的战略与执行，被普遍用于对企业的业绩进行评价和控制。不论是以追求利润最大化为目的的私人企业还是政府公共部门或是非营利组织的财务目标通常都与获利能力有关，因此，财务维度常用的绩效评价指标主要包括营业收入或经济增加值、利润、投资回报率或资本报酬率等。

2. 客户维度

客户或顾客是企业的上帝，企业应把向客户提供优质的产品和一流的服务作为其主要追求的价值之一，企业的核心竞争力就在于不断研发创造新的产品和服务来满足客户日益增长的需求。在选择平衡计分卡客户维度的指标时，首先应该明确谁是企业的客户，企业对目标客户服务的价值定位是什么等问题，只有搞明白这些才能够创造出更好的财务回报。在客户维度层面常用的绩效评价指标主要包括客户满意度、客户获得率或开拓率、客户保留率、客户盈利能力等指标。

3. 内部业务流程或内部管理维度

企业财务绩效的实现以及客户各种需求的满足都要求企业要有良好的内部业务经营和管理支持。企业的内部业务流程设计或内部管理的目标应该以客户的满意度及企业财务目标的最大化为核心，业务流程以能够迅速预知客户的需求、更好地为客户创造价值、吸引和留住目标客户等原则为基础，兼以实现企业的战略目标并获取相关利益的最大化。设计平衡计分卡时，通常是先制定财务与客户层面的指标，然后才是内部业务流程指标，这样有利于让企业把评价重心放在财务与客户目标上。内部流程维度的评价指标通常会涉及企业生产经营及售后的全过程。

4. 学习与成长维度

企业成功与长期稳定发展的内在动力依赖于企业员工不断的学习与成长。财务、客户、内部流程维度前三个维度主要设计了企业所要追求的目标和实际的业务能力，而要提升业务能力、实现财务目标，企业就很有必要加强对员工的技术培训和能力提升等。平衡计分卡的学习与成长维度绩效评价的指标主要包括员工学历水平、员工培训次数、员工培训经费支出及增长率、员工满意度、员工离职率等。

作为一种优秀的绩效评价的方法，包含了四个方面的平衡思想，分别是投入与产出之间的平衡、过程与结果之间的平衡、长期与短期之间的平衡及内部流程与外部效果之间的平衡。可以对企业的战略目标进行更加细致的划分，分解成若干个子目标或归属于各个职能部门的目标，相应的绩效评价指标也就可以继续细分，最终可以形成指导员工行动的业绩目标和绩效指标。相较于其他方法，平衡计分卡具有如下优势：可以从四个层面来设计绩效评价体系，评价指标具有多样性；以客户为导向，缩短应变时间，提高管理质量，利于长期管理；可以将评价系统与控制系统完美结合，协调统一。

平衡计分卡方法是通过观测评价对象在四个维度的实施情况，构建综合评价指标体系,对评价对象的总体情况进行绩效评价。但平衡计分卡也存在着一定的弊端,如指标覆盖面较大,对部分指标可能难以量化;不同指标设计的权重不同,可能会导致评价结果有较大的差异。

2.4.2 平衡计分卡方法引入公共组织绩效评价的可行性分析

随着对平衡计分卡方法认识与探索的深入,平衡计分卡方法受到了公共部门的关注,通过对评价指标的改造逐渐地延伸到非营利性组织的绩效评价和管理中,如会计师事务所、高校、卫生服务领域等。1993 年,美国国会通过《政府绩效与结果法案》(The Government Performance and Result Act)。平衡计分卡也开始用于美国联邦政府的所有部门及部分州政府机构的绩效评价,如美国交通运输部下的采购部是最早运用平衡计分卡进行绩效评价的政府机构之一。美国著名绩效研究机构珀斯(Compel)研究所建立了一套包括财政管理、人事管理、信息管理、领导目标管理和基础设施管理等方面内容的政府绩效评价体系。2005 年,青岛市委的市直机关工委率先将平衡计分卡引入政府公共部门的绩效管理工作中,根据各部门工作的特点,设立战略目标,设置各维度的评价指标,并细化、分解、落实到各个岗位。2007 年,青岛市开发完善了平衡计分卡在线管理平台,使政府机关的工作得到了明显改进,降低了行政成本,提高了工作效率。为推进预算绩效管理,规范财政支出绩效评价行为,提高财政资金使用效益,2011 年 4 月,财政部重新修订并颁布了《财政支出绩效评价管理暂行办法》。该办法提出,绩效评价应当遵循科学规范原则、公正公开原则、分级分类原则和绩效相关原则四项原则,将绩效评价的指标分为共性指标与个性指标。绩效评价的方法包括成本效益分析法、比较法、因素分析法、最低成本法、公众评判法等。

对平衡计分卡方法,国内外学者较多地涉猎这一方法拓展的理论研究,只有少量的学者尝试用于非政府组织如高校的绩效评价,而用于政府支出绩效评价的研究较少,不论用什么评价方法对出口退税政策绩效评价的研究则几乎是个空白。我国学者党兴华、赵晓洁(2007)将平衡计分卡按公共财政支持科技产业发展的逻辑进行修正和改进,尝试用于科技产业的绩效评价。仵凤清、宋玉霞、王盈盈（2007）将平衡计分卡用于地方政府科技工作的效益和业绩的综合评价。贾康、孙洁（2010）探讨了将平衡计分卡（表）方法应用于财政支出绩效评价的必要性，认为考虑到政府的特殊性，针对公共财政支出的多目标性，必须对平衡计分卡进行适当调整，并提出了财政支出绩效评价指标体系的设计思路。黄晓波、宋朋林（2012）认为，平衡计分卡法用在政府惠农补贴政策的绩效评价时，必须重新安排平衡计分卡的框架结构，把顾客（包括提供资金的纳税人和接受资金的农民）放在计分卡的最顶端。考核体系要强化以人为本的理念，在考评农业发展总体水平和速度的基础上，纳入与民众生活密切相关的指标。

政府管理的绩效水平，不论对世界各国的经济发展还是社会发展都起到巨大的影响作用。在政府绩效管理过程中，对政府绩效评价是政府开展一切绩效管理活动的基础，也是绩效管理工作的重要内容之一。它关系着政府绩效的改进和提高，对政府绩效活动起到直接的引导作用。政府绩效作为政府系统向社会的效能输出，影响着社会公众的许多活动。在我国，政府绩效评价问题已经引起理论界乃至各级政府的高度关注，中央领导也多次强调要建立科学的政府绩效评价体系，开展政府绩效评价活动。经过一些学者、专家和政府部门的多年探索，我国政府绩效评价事业已逐渐起步，并取得了一定的成效。近年来，在形式上主要形成了以目标管理或效能建设为核心、以社会公众满意为目标主体和以学术机构为评价主体的多种政府绩效评价模式。

由于政府部门与企业组织有很多的不同，采用平衡计分卡将四个维度综合起来进行绩效评价其难度可想而知。第一，政府部门具有特殊性。我国政府部门不同于以追求利润最大化为单一价值取向的企业，政府部门是一个多元价值的平衡体，以谋求社会利益为己任，因此，政府的决策也必须要考虑社会、政治、经济等各个方面的因素，基于多元价值观进行权衡。这就决定我国政府部门的政策不可能像企业的政策一样以追求利润最大化为目的，通常政府部门的政策具有多目标性，并且目标十分广泛而且较为复杂。第二，我国政府部门的决策往往与政治管理有着十分密切的关系，较难量化和设定具体的指标。第三，与企业必须接受市场竞争的优胜劣汰不同，政府的政策绩效不是市场交换的结果，而是政治秩序的产物。评价政府的工作绩效或政策绩效也并不存在着公认的、统一的评价标准，更不可能像企业那样，可以在降低成本或增加利润的单一经济价值观下获取一致的评价取向，这就决定了我国政府部门不可能像企业那样对绩效进行精细评价。但是，平衡计分卡的精髓在于追求一种"平衡"的状态，本身就包括财务目标与非财务目标的平衡、组织内部群体与外部群体的平衡、长期目标与短期目标的平衡、结果性指标与动因性指标的平衡和领先性指标与滞后性指标的平衡等。平衡计分卡以任务目标为核心的管理思想，与其他评价方法相比优势在于：一是重视非财务指标，可以从客户、内部业务流程、学习与成长等方面监督短期结果，有利于在组织机构内部形成创新氛围，提升创新能力；二是可以将组织机构的目标、战略转化成具体的活动予以评价；三是评价指标与组织机构的战略可根据实际情况灵活地进行修正和完善。

2.4.3 平衡计分卡方法用于出口退税绩效评价的可行性分析

从世界各国的出口退税实践可以看出，出口退税作为国际惯例是各国的一项基本制度，有别于世界其他国家未将出口退税政策作为经常性变动的政策工具使用，我国税收制度和经济环境的现实决定了出口退税制度一直被作为一种不断调整的政策在使用。并且有别于一般企业追求利润最大化的单一目标，我国出口退税政策的目标也较为繁多复杂，具有多元目标和多重功能，主要包括贸易目标、产业结构目标、财政目标等。出口退税作为政府放弃的收入，属于税式支出，政策实施的效果可以在借鉴财政支出绩效评价方法的基础上加以评价，因此，对出口退税政策进行绩效评价的研究具有非常重要的理论意义和实践意义。建立科学、合理的出口退税政策绩效评价体系也是国家经济快速发展的要求，可以更好地调整我国的出口退税政策，达到促进对外贸易、提振经济发展、带动产业结构调整和经济发展方式转变的目的。

平衡计分卡方法并不是对所有政府绩效评价过程都适用的，它在出口退税政策绩效评价中的适用性也是由平衡计分卡本身的特点决定的。首先，综前所述，平衡计分卡的精髓在于追求一种"平衡"状态，包括财务目标与非财务目标的平衡、内部绩效与外部绩效的平衡。现有对我国出口退税政策评价的研究大多集中于对出口退税政策经济效应的研究，但是考虑我国政府部门的特殊性，对于政府部门的绩效评价并不能过分强调其经济效应，而应考虑政府部门自身的可持续发展和潜在创造能力。对于出口退税政策的绩效评价指标体系的建立也应该强调"平衡"和"统筹"，既要考虑其财务指标也要考虑其非财务指标，既要考虑内部绩效也要兼顾外部绩效。其次，平衡计分卡方法兼顾了定量分析与定性分析。定性分析是定量分析的前提，定量分析能够让定性分析更加科学、深化和准确。由于我国出口退税政策具有多目标性以及目标的复杂性，难以建立绝对量化的指标体系，这就决定对出口退税政策绩效评价指标体系的建立既要有定量的指标也要有定性的指标。平衡计分卡方法本身具有的上述优点，和我国政府部门的特殊性相吻合。出口退税政策也是一个复杂的系统，所以可以尝试运用平衡计分卡方法对我国政府部门的出口退税政策绩效进行较为全面的评价，以克服传统财税政策绩效评价的不足。

基于平衡计分卡方法对我国出口退税政策进行绩效评价，首先应该确定我国出口退税政策的战略目标，根据所确定的战略目标，分解出可以使战略目标成功的关键因素，然后从关键因素出发，设计出影响关键因素的重要绩效指标。对出口退税政策进行绩效评价的程序可以分为如下步骤：一是分析评价对象，二是设计评价方案和目标，三是提炼评价指标，四是采集搜集相关的数据信息，五是评价分析出口退税政策的效率、效益和效果。绩效评价要从具体到抽象进行，不仅要有统计分析、价值分析和逻辑分析，还要有综合提炼。运用统计方法分析各种信息数据，可以使评价结果更有说服力和便于理解。逻辑分析就是把统计分析的多个结果进行排列组合，分析各项指标之间的逻辑关系。价值分析就是对统计分析和逻辑分析的结论进行归纳、抽象，总结出相关政策制定和执行中存在的问题，并提出相应的改进或完善的建议。通过绩效评价活动和开展，努力使出口退税政策实现绩效评价制度化、评估主体的专业化和评估结论运用的法治化。

第 3 章

国内外出口退税政策的比较分析

世界各国已普遍将世界贸易组织（WTO）允许的出口退税作为促进本国出口贸易发展的国际惯例而广泛使用。各国鼓励出口产品以不含税价格参与国际竞争，增强创汇能力，设计并实施了较为完善的出口退税政策体系，其中许多国家在长期的退税实践中积累了丰富的经验。本书首先梳理了我国从新中国成立以来至今的出口退税政策的发展演变过程，接着选取了一些具有代表性的国家，如法国、意大利、德国、英国、美国等欧美国家，日本、韩国、泰国和新西兰等亚太国家的出口退税政策进行比较分析，借鉴国际经验，以期完善我国的出口退税政策。

3.1 我国出口退税政策的演变

出口退税作为国家鼓励出口的一项政策，是促进我国对外贸易发展的重要因素之一。随着新中国外贸的发展，我国的出口退税政策不断发展演变[①]。

1950 年，虽然配合外贸出口实施了出口退税政策，但涉及的产品范围少，退税的规模小。之后我国实施计划经济的政策，独立自主自力更生的

[①] 本节涉及出口退税财政政策变化的内容，主要参考：国家税务总局. 中华人民共和国税收大事记［M］. 北京：中国财政经济出版社，2012.

发展态势,让我国的对外贸易和出口退税工作都经历了20多年的停滞期。随着1978年党的十一届三中全会的召开和改革开放政策的实施,我国国民经济和外贸出口的发展加速。出口贸易发展取得了举世瞩目的成绩,出口贸易从关注出口贸易规模总量向关注出口贸易结构的协调发展转变,这与我国出口退税政策的实施与不断调整分不开。

1985年3月,国务院出台并实施的《关于对出口产品征、退产品税或增值税的规定》,正式决定实行对出口产品退税、免税制度。这一时刻被许多专家、学者普遍认为是我国真正意义上的出口退税的开始,之后我国的出口退税政策走向正轨,极大促进了我国出口贸易的迅速扩张。当时,国际上发达国家劳动密集型产业向发展中国家大转移,我国抓住这一契机,利用劳动力低廉的成本优势,大力发展纺织化纤、服装加工等劳动密集型产业,鼓励产品出口赚取外汇,快速发展的出口贸易带动了国民经济的迅猛发展。1952年出口贸易额为27.1亿元,1985年为808.9亿元,次年就突破千亿元,达1 082.1亿元;1993年迅速增长到的5 284.8亿元,是1985年的6.53倍,出口额占GDP的比重也由1985年的8.97%增长到1993年的14.96%(见表3-1)。尽管这一时期的出口贸易额增长很快,但是,从出口产业或产品结构来看,出口产品结构中初级产品的比重占18.2%。出口的工业制成品中以粗加工的产品为主,高技术含量、高附加值的深加工产品极少。外贸出口仍处于低水平、粗放型的起步阶段,在这一阶段我国出口退税政策的作为较少。

表3-1　　1952~2018年我国外贸进出口额及占GDP的比重

年份	GDP（亿元）	外贸进口 数额（亿元）	年增长率（%）	进口依存度（%）	外贸出口 数额（亿元）	年增长率（%）	出口依存度（%）	进出口总额（亿元）	外贸依存度（%）
1952	679.0	37.5		5.52	27.1		3.99	64.60	9.51
1953	824.2	46.1	22.9	5.59	34.8	28.4	4.22	80.90	9.82
1954	859.4	44.7	-3.0	5.20	40.0	14.9	4.65	84.70	9.86
1955	910.8	61.1	36.7	6.71	48.7	21.8	5.35	109.80	12.06
1956	1 029.0	53.0	-13.3	5.15	55.7	14.4	5.41	108.70	10.56
1957	1 069.3	50.0	-5.7	4.68	54.5	-2.2	5.10	104.50	9.77

续表

年份	GDP（亿元）	外贸进口 数额（亿元）	外贸进口 年增长率（%）	外贸进口 进口依存度（%）	外贸出口 数额（亿元）	外贸出口 年增长率（%）	外贸出口 出口依存度（%）	进出口总额（亿元）	外贸依存度（%）
1958	1 308.2	61.7	23.4	4.72	67.0	22.9	5.12	128.70	9.84
1959	1 440.4	71.2	15.4	4.94	78.1	16.6	5.42	149.30	10.37
1960	1 457.5	65.1	-8.6	4.47	63.3	-19.0	4.34	128.40	8.81
1961	1 220.9	43.0	-33.9	3.52	47.7	-24.6	3.91	90.70	7.43
1962	1 151.2	33.8	-21.4	2.94	47.1	-1.3	4.09	80.90	7.03
1963	1 236.4	35.7	5.6	2.89	50.0	6.2	4.04	85.70	6.93
1964	1 455.5	42.1	17.9	2.89	55.4	10.8	3.81	97.50	6.70
1965	1 717.2	55.3	31.4	3.22	63.1	13.9	3.67	118.40	6.89
1966	1 873.1	61.1	10.5	3.26	66.0	4.6	3.52	127.10	6.79
1967	1 780.3	53.4	-12.6	3.00	58.8	-10.9	3.30	112.20	6.30
1968	1 730.2	50.9	-4.7	2.94	57.6	-2.0	3.33	108.50	6.27
1969	1 945.8	47.2	-7.3	2.43	59.8	3.8	3.07	107.00	5.50
1970	2 261.3	56.1	18.9	2.48	56.8	-5.0	2.51	112.90	4.99
1971	2 435.3	52.4	-6.6	2.15	68.5	20.6	2.81	120.90	4.96
1972	2 530.2	64.0	22.1	2.53	82.9	21.0	3.28	146.90	5.81
1973	2 733.4	103.6	61.9	3.79	116.9	41.0	4.28	220.50	8.07
1974	2 803.7	152.8	47.5	5.45	139.4	19.2	4.97	292.20	10.42
1975	3 013.1	147.4	-3.5	4.89	143.0	2.6	4.75	290.40	9.64
1976	2 961.5	129.3	-12.3	4.37	134.8	-5.7	4.55	264.10	8.92
1977	3 221.1	132.8	2.7	4.12	139.7	3.6	4.34	272.50	8.46
1978	3 645.2	187.4	41.1	5.14	167.6	20.0	4.60	355.00	9.74
1979	4 062.6	242.9	29.6	5.98	211.7	26.3	5.21	454.60	11.19
1980	4 545.6	298.8	23.0	6.57	271.2	28.1	5.97	570.00	12.54
1981	4 891.6	367.7	23.1	7.52	367.6	35.5	7.51	735.30	15.03
1982	5 323.4	357.5	-2.8	6.72	413.8	12.6	7.77	771.30	14.49
1983	5 962.7	421.8	18.0	7.07	438.3	5.9	7.35	860.10	14.42
1984	7 208.1	620.5	47.1	8.61	580.5	32.4	8.05	1 201.00	16.66
1985	9 016.0	1 257.8	102.7	13.95	808.9	39.3	8.97	2 066.70	22.92
1986	10 275.2	1 498.3	19.1	14.58	1 082.1	33.8	10.53	2 580.40	25.11
1987	12 058.6	1 614.2	7.7	13.39	1 470.0	35.8	12.19	3 084.20	25.58
1988	15 042.8	2 055.1	27.3	13.66	1 766.7	20.2	11.74	3 821.80	25.41
1989	16 992.3	2 199.9	7.0	12.95	1 956.0	10.7	11.51	4 155.90	24.46

第 3 章
国内外出口退税政策的比较分析

续表

年份	GDP（亿元）	外贸进口 数额（亿元）	外贸进口 年增长率（%）	外贸进口 进口依存度（%）	外贸出口 数额（亿元）	外贸出口 年增长率（%）	外贸出口 出口依存度（%）	进出口总额（亿元）	外贸依存度（%）
1990	18 667.8	2 574.3	17.0	13.79	2 985.8	52.6	15.99	5 560.10	29.78
1991	21 781.5	3 398.7	32.0	15.60	3 827.1	28.2	17.57	7 225.80	33.17
1992	26 923.5	4 443.3	30.7	16.50	4 676.3	22.2	17.37	9 119.60	33.87
1993	35 333.9	5 986.2	34.7	16.94	5 284.8	13.0	14.96	11 271.00	31.90
1994	48 197.9	9 960.1	66.4	20.67	10 421.8	97.20	21.62	20 381.90	42.29
1995	60 793.7	11 048.1	10.9	18.17	12 451.8	19.48	20.48	23 499.90	38.66
1996	71 176.6	11 557.4	4.6	16.24	12 576.4	1.00	17.67	24 133.80	33.91
1997	78 973.0	11 806.5	2.2	14.95	15 160.7	20.55	19.20	26 967.20	34.15
1998	84 402.3	11 626.1	-1.5	13.77	15 223.6	0.41	18.04	26 849.70	31.81
1999	89 677.1	13 736.4	18.2	15.32	16 159.8	6.15	18.02	29 896.20	33.34
2000	99 214.6	18 638.8	35.7	18.79	20 634.4	27.69	20.80	39 273.20	39.58
2001	109 655.2	20 159.2	8.2	18.38	22 024.4	6.74	20.09	42 183.60	38.47
2002	120 332.7	24 430.3	21.2	20.30	26 947.9	22.35	22.39	51 378.20	42.70
2003	135 822.8	34 195.6	40.0	25.18	36 287.9	34.66	26.72	70 483.50	51.89
2004	159 878.3	46 435.8	35.8	29.04	49 103.3	35.32	30.71	95 539.10	59.76
2005	183 217.4	54 273.7	16.9	29.62	62 648.1	27.58	34.19	116 921.80	63.82
2006	211 923.5	63 376.9	16.8	29.91	77 597.2	23.86	36.62	140 974.00	66.52
2007	257 305.6	73 300.1	15.7	28.49	93 563.6	20.58	36.36	166 863.70	64.85
2008	300 670.0	79 526.5	8.5	26.45	100 394.9	7.30	33.39	179 921.50	59.84
2009	349 081.4	68 618.4	-13.7	19.66	82 029.7	-18.29	23.50	150 648.10	43.16
2010	413 030.3	94 699.3	38.0	22.93	107 022.8	30.47	25.91	201 722.10	48.84
2011	484 123.5	113 161.4	19.5	23.37	123 240.6	15.15	25.46	236 402.00	48.83
2012	540 367.4	114 801.0	1.4	21.24	129 359.3	4.96	23.94	244 160.20	45.18
2013	595 244.4	121 037.5	5.5	20.33	137 131.4	6.01	23.04	258 168.90	43.37
2014	643 974.0	120 358.0	-0.6	18.69	143 883.8	4.92	22.34	264 241.80	41.03
2015	689 052.1	104 532.8	-13.1	15.17	141 412.4	-1.72	20.52	245 935.40	35.69
2016	744 127.0	104 932.0	0.4	14.10	138 455.0	-2.09	18.61	243 386.00	32.71
2017	827 121.7	124 602.0	18.7	15.06	153 321.0	10.74	18.54	277 923.00	33.60
2018	900 309.0	140 873.7	13.1	15.65	164 176.7	7.08	18.24	305 050.40	33.88

资料来源：根据相关年份《中国统计年鉴》及国家统计局、海关总署、国家税务总局、财政部等网站的相关数据整理并计算。

1994年，我国的税制改革大大促进了外贸企业出口的积极性，出口退税率的结构性调整，也促使我国外贸由量的扩张转向以质取胜的出口战略方向发展。1994年，出口贸易额为10 421.8亿元，距离1986年只用8年时间就突破了万亿元大关，年均增长10%以上，出口依存度提高到21.62%。随后2000年出口贸易额突破2万亿元，2003年突破3万亿元，为36 287.9亿元，出口依存度为26.72%，所用时间越来越短，表明外贸发展的势头喜人。这一阶段，出口产品结构发生很大的变化。初级产品出口占比下降，工业制成品出口占比上升；工业制成品中粗加工、低附加值的产品占比下降，深加工、高附加值产品占比上升；工业制成品中技术含量高的机电产品和高新技术产品的出口增长尤为快速，比重分别由1980年的不到5%和几乎为零提高至2003年的51.9%和25.2%[1]，迅猛发展的出口贸易成为推动我国国民经济快速增长的最重要的动力之一。

　　2004年后，我国对外贸易依旧呈高速发展的态势，突出的表现是出口贸易额连年以超过1万亿元的速度增长并出现巨额的贸易顺差。2007年，我国出口贸易额首次突破1万亿美元大关，2008年突破10万亿元大关，2009年成为全球第一大出口国，2013年进出口总额为25.81689万亿元，成为全球第一大货物贸易国。这一时期，我国出口商品的附加值不断提高，出口制造业在全球产业链的地位不断上升。2018年，我国农产品、机电产品和高新技术产品出口贸易额分别为5 237.9亿元、96 457.2亿元和49 373.9亿元，占当年出口总额164 176.7亿元的比重分别为3.19%、58.75%和30.07%[2]，机电产品和高科技产品逐渐成为我国出口的主要产品。我国的出口退税政策通过实行差别化的出口退税率，引导出口产品的结构性调整，从而提高出口退税政策的经济效率。

　　出口退税制度自1985年恢复实施后，出口退税额不断增长，成为促进我国对外贸易发展和政府宏观调控的重要工具。新中国成立后，我国出口退税政策的演变与发展大体可分为以下四个阶段。

---

[1][2]　根据中国海关总署网站的海关统计数据整理计算。

3.1.1　1949~1978年计划经济时期的我国出口退税政策

中华人民共和国成立以后，国民经济百废待兴。为集中精力促进国民经济的恢复和发展，当时的中央人民政府政务院颁布了一些法律法规实施出口退税，鼓励对外贸易。例如，1950年12月颁布并实施的《货物税暂行条例》细则规定"已税货物输出国外，经公告准许退税者，由出口商向税务机关申请退还货物税税款"。经批准出口的已税商品，根据出口亏损的程度退还部分或全部的税额，包括香皂、化妆品、暖水瓶、牙膏、鞭炮、罐头、玻璃制品、搪瓷制品等。还有部分出口商品可以退还原料所含的税款，如丝绸、毛织品等。1952年出台了《商品流通税试行办法》，对退税商品的类型、办理方法和计税标准进行了说明。出于对民族产业的保护，国家当时并没有急于打开国门，放开出口贸易，这时的外贸政策还带有浓重的保护主义色彩。这一阶段出口退税政策实施的产品范围也很有限，其效果类似于财政补贴，仅仅鼓励部分少利或无利的商品出口，目的就是换取新中国成立初期所需的一些物资，与真正意义上的出口退税政策还相差甚远。

1956年，我国完成了对民族工商业的社会主义改造，社会主义公有制成为我国的基本经济制度，国有企业成为我国国民经济的主体。对外贸易都由国有企业来经营，实行统收统支的管理模式，外贸出口的纳税与退税都在财政内部转移。为了简化程序，1957年2月，财政部颁布《关于废止出口退税规定的通知》，对出口产品不再实行出口退税。1958年，简化税制，将商品货物税、商品税、流通税、营业税和印花税合并为工商统一税。之后遭遇三年自然灾害、中苏关系恶化等一系列问题，国民经济遭受重创，对外贸易由出口盈利转为严重亏损。1966年，外贸部请示国务院对出口产品实行退税，以补贴出口"亏损"。随后与财政部协商确定，对出口产品按照当时征收工商统一税产品的平均税负率确定综合退税率为8%，产品出口后应退税额由财政部统一退付外贸部。1973年，我国再次进行工商税制简化改革，在"基本上保持原税负的前提下，合并税种简化征税办法"，将工商统一税及附加、城市房地产税、车船使用牌照税、盐税、屠宰税等进一步简化为工商税。在此方针下对进口货物不征税，对出口货物不减免税也不退税，出口盈亏由外贸部与财政部结算。从 20 世纪 50 年代"三大改造"完成到 70 年代"文革"结束的这二十年中，我国实行计划经济体制，出口退税政策的实施完全受国家对外经济贸易政策的影响，进出口产品的征免退税尚未形成比较完整系统的制度，且制度实施也断断续续，存在着实施范围小、连续性差、政策稳定性差等问题。而且受"文革"时期重政治轻经济、税制结构简化的影响，频繁变动的出口退税制度难以发挥对进出口贸易的调节作用，对我国后续的经济发展产生了较多不利影响。

3.1.2 1979~1993 年出口退税政策的逐步恢复阶段

党的十一届三中全会以后，我国对外贸易发生了很大变化，突出反映是进出口贸易不再由国有外贸企业独家经营，外贸企业自负盈亏。1978 年我国进出口贸易总额为 206 亿美元，居世界第 32 位。面对外贸发展，若继续原有的进口不征税、出口不减免税的政策，则进口获利过多，出口亏损过大，必然导致进出口不平衡，影响出口创汇，影响国内生产。为了保护国内生产和发展出口贸易，有利于引进外资和先进技术、设备，1980 年 12 月 30 日，财政部颁布了《关于进出口商品征免工商税收的规定》。自 1981 年 1 月 1 日起，对准予出口的商品视出口换汇的成本高低酌情给予减免工商税；对进口产品征税，其中，经批准引进的先进技术、仪器和设备等可免征工商税；对来料加工、来件装配的企业外商来料、来件占比 20% 以上的，对其产品 3 年免征工商税。1983 年 7 月 9 日，为鼓励扩大工业产品出口，财政部颁布了《关于钟、表等 17 种产品出口退（免）税和进口征税的通知》，开始对部分电子产品进行退税。为促进我国有计划商品经济的发展，调整国家和国有企业之间的分配关系和赋予其一定的经营自主权，也为保证国家财政收入的稳定增长，1984 年 9 月 18 日，国务院批转了财政部《国营企业第二步利改税试行办法》，将工商税按课税对象一分为四，划分为产品税、增值税、盐税和营业税。同年10月，国务院颁布了增值税、产品税、营业税和盐税等一系列的税收条例草案，还开征了资源税、城市维护建设税等其他一些新税种，使我国的税制由原来适用计划经济的单一税制转变成了适用有计划商品经济发展需要的多税种、多层次、多环节调节的复合税制，复合税制对国民经济的调节作用逐步加强。为了平衡进口产品与国内产品的税收负担，保护国内生产，也为了解决外贸企业与其他单位进口产品征、免税不一的矛盾，1985年3月22日，国务院颁布了《批转财政部关于对进出口产品征、退产品税或增值税报告的通知》（以下简称《通知》），规定从当年4月1日起，对外贸企业和工业企业出口的货物除原油和成品油以外实行退（免）税；对进口产品除列举免税和特案批准免税的以外一律征收进口环节的产品税或增值税。该通知的颁布，标志着我国出口退税制度正式恢复建立。

在改革开放初期，国家对外贸经营权实行审批制，对部分特殊的出口商品实行出口管制，企业出口退税同样实行特许和审批制。随着改革开放的扩大，外贸经营权逐步放开，各类企业参与外贸经营，享受出口退税的企业越来越多。当时进出口产品的征免税主要涉及产品税和增值税，对企业的出口退税按照企业的隶属关系区分为中央企业和地方企业，按照《通知》规定，属于中央所属的外贸企业的出口退税由中央预算退付，属于工业企业和地方外贸企业出口的退税由地方预算退付。1987年12月31日，财政部颁布了《关于出口产品退税若干问题的规定》，首次明确了出口产品退税的原则是"征多少退多少、未征不退"和彻底退税，退还出口商品生产、仓储、运输等所有环节的间接税，实现出口货物零税率。并规定从1988年1月1日起，出口产品应退的产品税、增值税、营业税税款一律由中央预算收入退付。为减轻中央财政过重的负担，国务院连续几次调整退税款项的预算级次，并逐渐提高地方财政的承担比例。1991年2月3日，国务院颁布了《关于实行出口产品退税由中央财政和地方财政共同负担的通知》，规定从1992年1月1日开始，除中央所属外贸出口产品的退税继续全部由中央财政负担外，其他退税一律由中央负担80%，地方财政负担20%（见表3-2）。

表3-2　　　1985~2016年我国出口退税的各级财政负担情况变化

年份	中央财政负担	地方财政负担
1985~1987	中央企业出口退税	地方企业出口退税
1988~1991	中央企业出口退税+地方企业出口退税	—
1992~1993	中央企业出口退税+地方企业出口退税80%	地方企业出口退税20%
2004	中央75%	地方25%
2005	中央92.5%	地方7.5%
2016	中央50%	地方50%

资料来源：根据相关年份财政部出口退税政策文件整理得出。

1991年1月16日，财政部、国家税务局、海关总署、经贸部、国家外汇管理局、中国人民银行联合下发了《关于加强出口产品退税管理的联合通知》，要求加强出口退税计划管理，强调了出口产品的退税范围、计算依据、退税率、退税库别、违章处罚、退税检查等内容，并明确了出口退税要与上缴国家外汇任务挂钩。

1993年2月11日，为鼓励我国机电产品的出口，国务院批转《关于进一步推动机电产品出口的意见》，要求既要简化手续，及时、足额地退税，又要加强管理，打击骗税行为。如果出口增加，财税部门要及时增加退税指标并及时退付。同年4月，为统一政策，正确落实"征多少退多少"的原则，国家税务总局调整出口退税率幅度为3%~18%不等，自6月1日执行。同年6月29日，国家税务局发布了《关于进一步加强出口产品税收管理的通知》，要求各级税务机关加强政策宣传，落实专用税票管理，加快计算机管理步伐，加强部门协作等，坚决打击骗税行为。

这一时期我国的出口退税制度得到了恢复和发展，但是由于当时流转税制度采取增值税和产品税并行的做法，出口退税一开始是按照产品税和增值税的法定税率实行"征多少退多少"，但是受到产品税多环节征税存在着重复征税以及增值税较多减免税等问题的影响，往往难以准确地计算企业出口产品应退的税额，因此，会产生退税不足的问题。国家尝试着用法律法规规范出口退税行为，但仍然存在着很多不足。但总体来说，顺应改革开放，出口退税政策在一定程度上促进了出口贸易的发展，并形成了具有中国特色的出口退税制度雏形。

3.1.3 1994~2007年市场经济体制下出口退税政策的发展

1994年进行了我国现代史上非常重要的一次工商税制改革，取消了产品税，全面推行增值税，辅之以消费税，但仍保留了营业税的新的流转税制。1993年12月13日，国务院颁布《中华人民共和国增值税暂行条例》、《中华人民共和国消费税暂行条例》和《中华人民共和国营业税暂行条例》等，均自1994年1月1日起施行，规定我国出口产品实行出口免税加退税的政策，这从税收法律的层面对出口退税政策做出了明确规定，只是立法的层次不高，仅以暂行条例的形式发布。

1994年1月11日，国务院发布《关于进一步深化对外贸易体制改革的决定》，要求进一步完善出口退税制度。同年2月18日，国家税务总局颁布了《出口货物退（免）税管理办法》，明确从1994年1月1日起，有出口经营权的企业出口或代理出口的货物，在货物报关出口并在财务上做销售处理后，可向税务机关申请退还或免征增值税和消费税。遵循"征收多少退还多少，未征不退"和"彻底退税"的原则，明确了出口退税企业范围和货物范围，退税率和退税计算公式，办理的凭证票据，出口退税审核、审批权限及工作程序，违章处罚等内容。一般纳税人出口货物应退增值税的税率以征税率17%和13%为依据，小规模纳税人依6%的退税率执行，应退消费税的税率或单位税额，按消费税税目税率（税额）表执行，实行完全的出口退税。同年5月12日，全国人大通过《中华人民共和国对外贸易法》，国家实行出口退税等措施促进外贸发展，外贸经营者不得骗取出口退税。由此，极大提高了出口企业对外贸易的积极性，1994年和1995年外贸出口额分别达到10 421.80亿元和12 451.80亿元，分别比上年增长97.20%和19.48%（见表3-1）。出口退税额的急速攀升，中央财政的出口退税压力大增。但当时税收征收管理方法比较落后，制度不够规范，按法定的增值税率征税效率低，加上较高的出口退税率，既出现了征收不足也出现了出口骗取退税的现象，国家财政不堪重负。为此国务院于1995年5月25日颁布《关于调低出口退税率加强出口退税管理的通知》，规定自7月1日起对出口货物根据实际负担情况调低出口退税率，主要将适用17%和13%的货物退税率分别调低为14%和10%，将农产品、煤炭的退税率调低为3%。同年10月6日，国务院又一次颁布《关于调低出口退税率的通知》，规定自1996年1月1日后，将出口退税率14%和10%进一步下调为9%和6%，出口平均退税率由16.63%降至8.29%。一年间国家两次下调部分产品的出口退税率，政策调整的频度增快，此外还规定了年度退税额度，超过的部分不得不结转到下一年度完成。1996年5月10日，国家税务总局发布《出口退税电子化管理办法》；9月12日，对外贸易经济合作部与国家税务总局联合印发《出口退税稽核工作规则》，加强出口退税的管理和稽查。出口退税率的下调，虽然在一定程度上暂时缓解了各级财政的压力，但也抑制了企业外贸出口的积极性。1996年，我国外贸出口额12 576.40亿元，仅比上年增长1%。1997年、1998年遭遇亚洲金融危机，多种因素的叠加让我国出口形势日趋严峻，1998年我国外贸出口额15 223.60亿元，仅比1997年增长0.41%（见表3-1）。为扭转外贸出口下行的颓势，国务院又出台了一系列出口退税率上调的政策。1998年6次调整，包括：2月12日，提高纺织原料及制品退税率至11%；3月31日，提高视同出口钢材退税率至17%；6月16日，提高煤炭、钢材、水泥及船舶至9%、11%、11%和14%；6月16日，提高纺织机械退税率至17%；9月23日，将铝、锌、铅9%的出口退税率提高至11%；12月2日，再一次将船舶退税率提高至16%。1999年2次调整，包括：1月29日，提高机械及设备、电器及电子产品、运输工具、仪器仪表4类机电产品退税率至17%，提高农业机械、纺织原料及制品至13%，提高化工原料等至11%，提高农产品至5%；8月2日，将服装退税率提高至17%；将服装以外的纺织原料及制品、上述4类机电产品以外的机电产品以及法定税率为17%现退税率为13%、11%的货物，出口退税率统一提高至15%；将法定税率为17%现退税率为9%的货物，退税率提高至13%；对高新技术产品出口实行增值税零税率等。2001年调整1次，6月21日，将纱布的出口退税率由15%提高至17%。多次调整后，出口退税率分为5%、11%、13%、14%和17%几个档次，出口平均退税率提高到15.11%，促进1999年和2000年外贸出口额分别比上年增长6.15%和27.69%。

第 ❸ 章
国内外出口退税政策的比较分析

尽管在提高出口退税率的同时也增加了出口退税的预算额度，但庞大的出口贸易额、较高的退税率带来的不断增长的退税额还是让中央财政负担沉重。一些年份的出口退税额的增长远远高于外贸出口额的增长和增值税收入的增长。例如，2000 年外贸出口额增长了 27.69%，增值税收入增长 17.3%，但出口退税却比上年增长了 29.17%。截至 2002 年底，全国累计出口退税欠款高达 2 477 亿元，仅 2002 年新增欠款即达 750 亿元（杜莹芬，2004）。出口退税的欠账严重，国务院为此又开始酝酿新一轮的出口退税率下调。2002 年 1 月 23 日，财政部、国家税务总局发布《关于进一步推进出口货物实行免抵退税办法》的通知，将退税模式变成"抵顶退税"而不是"先征收后退还"。2003 年 10 月 13 日，国务院颁布《关于改革现行出口退税机制的决定》，将出口产品分成不同类型给予不同的出口退税待遇。具体的是对国家鼓励出口的高附加值、高技术含量产品不降或少降出口退税率，对一般性出口产品适当降低，对限制出口和资源性（简称"两高一资"）产品多降或取消，总体上是适当降低退税率，各商品具体的退税率将按照产品类别的实际负担率测算并定期发布，平均退税率由 15.11% 调低为 12.16%，下调了 2.95 个百分点。这种调整，实际上是将退税原则从中性原则转变为差别退税的非中性原则，从此在很大程度上出口退税演变为政府调控对外贸易、出口产品和产业结构的政策工具。

我国自 2001 年 12 月 11 日正式加入 WTO 后，出口贸易更是发展迅速，出口退税规模的倍数增长与中央财政负担能力增长相对缓慢之间的矛盾日益突出，预算资金与出口退税实际需求之间的缺口很大，出口欠退税问题由此产生。虽然增值税由中央与地方分享，但一开始的出口退税全部由中央财政负担。为减轻中央财政负担过重的问题，逐渐提高地方财政的承担比例，1992 年中央财政与地方财政负担比例为 8∶2。2003 年 10 月 13 日，国务院颁布《关于改革现行出口退税机制的决定》。该决定指出现行出口退税的负担机制不尽合理，出口退税缺乏稳定的资金来源，这些问题导致欠退税问题严重，不利于深化外贸体制改革和促进产业结构优化。按照"新账不欠，老账要还，完善体制，共同负担，推动改革，促进发展"的原则，进一步改革出口退税的分摊机制。决定自 2004 年起，以 2003 年实退指标为基数，对超过部分应退税额由中央和地方按照75∶25的比例共同分担。这次改革同时也撤销了一些限制性出口商品和资源型产品的出口退税，也减轻了部分出口退税的压力。这次改革实施一年多进展总体顺利，2004年12月10日，国家税务总局发布消息，2004年的出口退税额2 195.9亿元，创历年之最（见表3－3），并将出口退税的历史陈欠全部兑现。出口退税新机制的改革，一方面对调动企业出口的积极性，优化出口产品结构，对促进地方外贸发展起到了积极的作用；另一方面也还清多年退税的积欠，建立了中央与地方共同负担出口退税的机制。但是也出现了地区负担不均衡，部分地方政府因负担重而出现了限制外购商品出口、限制引进出口型生产加工项目等问题。鉴于此，2005年8月1日，国务院颁布了《关于完善中央与地方出口退税负担机制的通知》，调整中央与地方出口退税分摊比例。对核定的出口退税基数不变，超基数部分中央与地方的分担比例调整为92.5∶7.5，以此缓解地方政府的财政压力。该通知还规范了各省可以根据自己的实际情况自行制定省以下出口退税的分摊方法，但不得将负担分解到乡镇和企业，不得限制外购商品出口等。对地方负担不均衡的问题由省级财政统筹解决。这次改革对促进地方外贸发展，稳固中央与地方共同负担出口退税的机制起到了积极的作用。2005年4月11日，国家税务总局为规范出口货物退税免税的管理，根据我国税收征管法、增值税消费税暂行条例等规定制定了《出口货物退（免）税管理办法（试行）》，对出口货物退税主体的资格、出口货物退免税认定、申报及受理，退免税审核、审批，退免税日常管理、违章处理等问题都做出了明确规定。

表3－3　2002~2017年我国外贸出口、出口退税及进口征税的相关数据

年份	外贸出口 数额（亿元）	外贸出口 年增长率（%）	出口退税 数额（亿元）	出口退税 年增长率（%）	国内增值税、消费税税额（亿元）	进口增值税、消费税数额（亿元）	出口退税额占国内+进口增值税、消费税的比重（%）
2002	26 947.90	22.35	1 259.4	17.54	7 224.71	1 885.65	13.82
2003	36 287.90	34.66	2 039	61.90	8 418.80	2 788.59	18.19
2004	49 103.30	35.32	2 195.9	7.69	10 519.84	3 700.42	15.44
2005	62 648.10	27.58	3 371.6	53.54	12 425.92	4 211.78	20.26

续表

年份	外贸出口 数额（亿元）	外贸出口 年增长率（%）	出口退税 数额（亿元）	出口退税 年增长率（%）	国内增值税、消费税税额（亿元）	进口增值税、消费税数额（亿元）	出口退税额占国内+进口增值税、消费税的比重（%）
2006	77 597.20	23.86	4 284.9	27.09	14 670.50	4 962.64	21.82
2007	93 563.60	20.58	5 273.3	23.07	17 677.06	6 153.41	22.13
2008	100 394.94	7.30	5 865.9	11.24	20 565.21	7 391.13	20.98
2009	82 029.69	-18.29	6 487	10.59	23 242.44	7 729.79	20.94
2010	107 022.84	30.47	7 328	12.96	27 165.03	10 490.64	19.46
2011	123 240.60	15.15	9 205	25.61	31 202.84	13 560.42	20.56
2012	129 359.25	4.96	10 429	13.30	34 291.09	14 802.16	21.24
2013	137 131.40	6.01	10 518.85	0.86	37 041.45	14 004.56	20.61
2014	143 883.80	4.92	11 356.46	7.96	39 762.48	14 425.30	20.96
2015	141 412.40	-1.72	12 867.19	13.30	41 651.63	12 533.35	23.75
2016	138 455.00	-2.09	12 154.48	-5.54	50 929.31	12 784.59	19.08
2017	153 321.00	10.74	13 870.37	14.12	66 603.27	15 970.67	16.80

资料来源：根据相关年份《中国统计年鉴》、国家统计局及财政部网站的相关数据整理和计算。

随着这一阶段经济的迅猛发展，巨大的贸易顺差引起对外贸易摩擦增多，资源性商品的大量输出带来能耗消耗的增加和自然环境的恶化，外汇储备增多带来国内物价水平上升等各种问题层出不穷。对出口退税政策进行结构性调整成为大势所趋。2004年5月19日，停止焦炭和炼焦煤的出口退税；同年12月10日，将部分信息技术（IT）产品的退税率由13%提高至17%，包括集成电路、移动通信基地站、以太网络交换机、手持（车载）无线电话、数控机床等。2005年8次下达文件，暂停或停止尿素、磷酸氢二铵、车用汽油、航空汽油、钢铁初级产品的出口退税，下调煤炭、钨、锡等矿产资源产品退税率至8%，下调钢材退税率至11%，下调部分农药产品退税率至5%，取消稀土金属等矿产资源产品、锰废碎料、煤焦油、生毛皮等的出口退税。2007年也多次下文，对出口商品的退税率进行大范围的调整，涉及约3 000多项商品。例如，取消部分税号钢材、濒危动植物及其制品、盐、水泥、皮革等十多种"两高一资"商品的出口退税；下调部分税号钢材、不锈钢板、冷轧产品、植物油、塑料橡胶制品、纸制品、部分木制品等退税率至5%；下调箱包、服装、鞋帽、雨伞、刨床、切割机、家具等退税率至11%等；提高抗艾滋病药物等高技术含量、高附加值商品的出口退税率；对机械及运输设备、高科技产业、船舶等产品完全退税。这几年的调整虽然总体上是取消或调低出口退税率居多，但对具体商品来说差别较大，如劳动密集型出口产品的退税率调整较多，资本技术型产品和农产品退税率下调较少，部分资源型产品取消了出口退税，总体来看综合平均出口退税率下降到12.16%。这一时期政策调整有着明确的目标指向性，一方面降低了容易引起贸易摩擦商品的出口退税率，抑制贸易顺差的过快增长，减少与他国的贸易争端；另一方面也通过进一步取消部分"两高一资"商品的出口退税率，改变了依赖"两高一低（高能耗、高污染、低附加值）"产品的外贸增长方式，优化了商品出口结构和产业结构，初步形成了出口退税率与出口货物加工深度、技术含量、附加值高低基本一致的新格局。

3.1.4 2008年至今出口退税政策的进一步深化调整

2008年，美国次贷危机引爆全球金融危机，各国经济增长乏力外贸需求减弱，我国外贸出口受此影响增速急剧下滑，为维持贸易出口和保持国民经济的适度增长，我国在2008年5次调整、2009年3次调整出口退税率，涉及出口商品范围较广，主要是提升了劳动密集型产品、高端技术产品和家电产品的出口退税率。出口退税率的调整再次将促进外贸出口与调整出口商品结构有机结合起来。随着国内外的经济形势有所好转，秉承着"有保有压"的原则，开始用出口退税率进行反向调整。为限制"高污染、高耗能、高耗水"企业的发展，逐步实现"附加值高、技术含量高"的商品对"附加值低、技术含量低"商品的替换，以减少资源的浪费，抑制产能过剩，防止投资效率低下。2010年6月，财政部与国家税务总局决定自7月15日起取消部分高耗能商品的出口退税，包括部分钢材、部分有色金属加工、部分农药医药、化工产品、部分塑料橡胶及制品、玻璃及制品等6类406项商品（见表3-4）。

第 3 章
国内外出口退税政策的比较分析

表 3-4　　　　　2008~2018 年我国出口商品退税率变化

文件名	政策生效时间	所涉及的产品名称或类别	政策调整内容（出口退税率变化）
财政部 国家税务总局关于取消部分植物油出口退税的通知	2008年6月13日	部分植物油	取消部分植物油的出口退税
财政部 国家税务总局关于调整纺织品服装等部分商品出口退税率的通知	2008年8月1日	部分纺织品、服装	出口退税率由11%提高到13%
		部分竹制品	出口退税率提高到11%
		红松子仁、部分农药产品、部分有机胂产品、紫杉醇及其制品、松香、白银、零号锌、部分涂料产品、部分电池产品、碳素阳极	取消该商品的出口退税
财政部、国家税务总局关于提高部分商品出口退税率的通知	2008年11月1日	部分纺织品、服装、玩具	出口退税率提高到14%
		日用及艺术陶瓷	出口退税率提高到11%
		部分塑料制品	出口退税率提高到9%
		部分家具	出口退税率提高到11%、13%
		艾滋病药物、基因重组人胰岛素冻干粉、黄胶原、钢化安全玻璃、电容器用钽丝、船用锚链、缝纫机、风扇、数控机床硬质合金刀、部分书籍、笔记本等商品	出口退税率分别提高到9%、11%、13%
财政部 国家税务总局关于提高劳动密集型产品等商品增值税出口退税率的通知	2008年12月1日	部分橡胶制品、林产品	退税率由5%提高到9%
		部分模具、玻璃器皿	退税率由5%提高到11%
		部分水产品	退税率由5%提高到13%
		箱包、鞋、帽、伞、家具、寝具、灯具、钟表等商品	退税率由11%提高到13%
		部分化工产品、石材、有色金属加工材等商品	分别由5%、9%提高到11%、13%
		部分机电产品	退税率分别由9%提高到11%、11%提高到13%，13%提高到14%

续表

文件名	政策生效时间	所涉及的产品名称或类别	政策调整内容（出口退税率变化）
财政部 国家税务总局关于提高部分机电产品出口退税率的通知	2009年1月1日	航空惯性导航仪、陀螺仪、离子射线检测仪、核反应堆、工业机器人等产品	出口退税率由13%、14%提高到17%
		摩托车、缝纫机、电导体等产品	出口退税率由11%、13%提高到14%
财政部 国家税务总局关于提高纺织品服装出口退税率的通知	2009年2月1日	纺织品、服装	出口退税率提高到15%
财政部 国家税务总局关于提高轻纺、电子信息等商品出口退税率的通知	2009年4月1日	CRT彩电、部分电视机零件、光缆、不间断供电电源（UPS）、有衬背的精炼铜制印刷电路用覆铜板等	出口退税率提高到17%
		纺织品、服装	出口退税率提高到16%
		六氟铝酸钠等化工制品、香水等香化洗涤、聚氯乙烯等塑料、部分橡胶及其制品、毛皮衣服等皮革制品、信封等纸制品、日用陶瓷、显像管玻壳等玻璃制品、精密焊钢管等钢材、单晶硅片、直径大于等于30cm的单晶硅棒、铝型材等有色金属材、部分凿岩工具、金属家具等	出口退税率提高到13%
		甲醇、部分塑料及其制品、木制相框等木制品、车辆后视镜等玻璃制品等	出口退税率提高到11%
		碳酸钠等化工制品、建筑陶瓷、卫生陶瓷、锁具等小五金、铜板带材、部分搪瓷制品、部分钢铁制品、仿真首饰等	出口退税率提高到9%
		次氯酸钙及其他钙的次氯酸盐、硫酸锌等商品	出口退税率提高到5%
财政部 国家税务总局关于进一步提高部分商品出口退税率的通知	2009年6月1日	电视用发送设备、缝纫机等商品	出口退税率提高到17%
		罐头、果汁、桑丝等农业深加工产品，电动齿轮泵、半挂车等机电产品，光学元件等仪器仪表，胰岛素制剂等药品，箱包、鞋帽、伞、毛发制品、玩具、家具等商品	出口退税率提高到15%
		部分塑料、陶瓷、玻璃制品，部分水产品，车削工具等	出口退税率提高到13%
		合金钢异性材等钢材、钢铁结构体等钢铁制品、剪刀等	出口退税率提高到9%
		玉米淀粉、酒精	出口退税率提高到5%

第 3 章 国内外出口退税政策的比较分析

续表

文件名	政策生效时间	所涉及的产品名称或类别	政策调整内容（出口退税率变化）
财政部 国家税务总局关于取消部分商品出口退税的通知	2010年7月15日	部分钢材；部分有色金属加工材；银粉；酒精、玉米淀粉；部分农药、医药、化工产品；部分塑料及制品、橡胶及制品、玻璃及制品	取消出口退税
财政部 国家税务总局关于以贵金属和宝石为主要原材料的货物出口退税政策的通知	2015年1月1日	以贵金属和宝石为主要原材料的货物	出口企业和其他单位出口的货物，如果其原材料成本80%以上为本通知附件所列原材料的，应按照成本占比最高的原材料的增值税、消费税政策执行
财政部 国家税务总局关于调整部分产品出口退税率的通知	2015年1月1日	高附加值产品	种类较多，出口退税率分别提高到9%、13%和17%
	2015年1月1日	玉米加工产品	出口退税率提高至13%
	2015年1月1日	纺织品服装	出口退税率提高至17%
	2015年1月1日	含硼钢	取消出口退税
	2015年4月1日	假发材料，假发、须、眉制品及类似品	出口退税率降低至9%
财政部 国家税务总局关于恢复玉米加工产品出口退税率的通知	2016年9月1日	玉米淀粉、酒精等玉米深加工产品	出口退税率恢复至13%
财政部 国家税务总局关于提高机电、成品油等产品出口退税率的通知	2016年11月1日	照相机、摄影机、内燃发动机、汽油、航空煤油、柴油等产品	出口退税率提高至17%

续表

文件名	政策生效时间	所涉及的产品名称或类别	政策调整内容（出口退税率变化）
财政部 税务总局关于简并增值税税率有关政策的通知	2017年7月1日	农产品：种植业、养殖业、林业、牧业、水产业生产的各种植物、动物的初级产品	所列货物的出口退税率调整为11%；外贸企业2017年8月31日前出口本通知附件所列货物，购进时已按13%税率征收增值税的，执行13%出口退税率；购进时已按11%税率征收增值税的，执行11%出口退税率；生产企业2017年8月31日前出口本通知所列货物，执行13%出口退税率
		食用植物油、自来水、暖气、冷气、热水、煤气、石油液化气、天然气、沼气、居民用煤炭制品、图书、报纸、杂志、化肥、农药、农机、农膜	
		饲料	
		音像制品：录音带、录像带、唱片、激光唱盘和激光视盘	
		电子出版物	
		二甲醚	
		食用盐	
财政部 国家税务总局关于提高机电、文化等产品出口退税率的通知	2018年9月15	多元件集成电路、非电磁干扰滤波器、书籍、报纸等产品	出口退税率提高至16%
		竹刻、木扇等产品	出口退税率提高至13%
		玄武岩纤维及其制品、安全别针等产品	出口退税率提高至9%
关于调整部分产品出口退税率的通知	2018年11月1	相纸胶卷、塑料制品、竹地板、草藤编织品、钢化安全玻璃、灯具等产品	出口退税率提高至16%
		润滑剂、航空器用轮胎、碳纤维、部分金属制品等产品	出口退税率提高至13%
		部分农产品、砖、瓦、玻璃纤维等产品	出口退税率提高至10%
		豆粕	取消出口退税
		其余出口产品	原出口退税率为15%的，提高至16%；原出口退税率为9%的，提高至10%；原出口退税率为5%的，提高至6%

资料来源：根据相应年份财政部、税务总局网站的政策公告整理得出。

针对我国增值税与营业税并存的流转税格局，存在着严重的重复征税，税负不均造成纳税人避税，增值税抵扣链条中断等一系列问题，经

第 3 章
国内外出口退税政策的比较分析

国务院批准，财政部、国家税务总局联合下达营业税改增值税试点方案。于 2012 年 1 月 1 日在上海对交通运输业和部分现代服务业开始了营改增的试点，同年 8 月扩大至 8 省市，2013 年 8 月交通运输业和部分现代服务业的营改增推广至全国试点。为确保营改增试点工作的顺利实施，2011 年 12 月 29 日，财政部、国家税务总局颁布《关于应税服务适用增值税零税率和免税政策的通知》；2012 年 4 月 5 日，国家税务总局颁布《适用增值税零税率应税服务免抵退税管理办法（暂行）》。明确了零税率应税服务的范围包括国际运输服务和向境外提供研发服务、设计服务，零税率应税服务的退税率为其在境内提供对应服务的增值税税率，所称的免抵退税方法是指零税率应税服务的提供者提供零税率应税服务免征增值税，相应的进项抵减应纳的增值税额，未抵减完的部分予以退还。这些规定的实施将我国出口退税的范围扩大至服务业，有利于增强服务业在国际市场上的竞争力，为促进我国现代服务业的发展提供了动力（见表 3-5）。2016 年 5 月 1 日，将建筑业、房地产业、金融业、生活服务业等全部纳入营改增范围。从此，营业税退出历史舞台，增值税实现货物和服务行业全覆盖，打通增值税的抵扣链条，消除重复征税，降低企业税负，税制更趋完善。这是自 1994 年财税体制改革后我国又一重大而深刻的财税改革。

表 3-5　　　　　2010~2017 年我国服务贸易出口与服务业产值数据

年份	服务贸易出口 数额（亿元）	服务贸易出口 年增长率（%）	服务业产值 数额（亿元）	服务业产值 年增长率（%）	服务贸易出口额占服务业产值的比重（%）
2010	12 008	23.3	182 038.0	17.64	6.60
2011	12 936	7.7	216 098.6	18.71	5.99
2012	12 699	-4.6	244 821.9	13.29	5.19
2013	13 020	2.5	277 959.9	13.54	4.68
2014	13 461	3.4	308 058.6	10.83	4.37
2015	13 617	1.2	346 149.7	12.36	3.93
2016	13 918	2.2	383 365.0	10.75	3.63
2017	15 407	10.7	427 031.5	11.39	3.61

资料来源：根据相应年份《中国统计年鉴》、国家统计局数据及国家税务局相关数据整理计算。

随着营改增的深入推进，财政部、国家税务总局也对出口退税政策实施以来的经验教训进行了归纳总结，不断梳理并完善相关出口退税的管理政策。2012年，简化了出口退税申报程序，调整了申报期限；2014年1月，规范了出口退税申报的条件，更加便利了出口企业退税。

2012年以后，鉴于国内外的经济形势相对的稳定，出口对经济增长的贡献度下降，为保证政策的稳定性，我国出口退税政策在退税率上未有太多太大的调整。2014年12月31日，针对纺织行业产能过剩，产品积压严重，企业经营困难等问题，为鼓励纺织行业出口，提升国际竞争力，财政部、国家税务总局发布通知，自2015年1月1日将部分纺织产品的退税率由16%提升到17%，但调整范围较小。近年的数据也表明，出口在拉动经济增长方面的比重在逐年下降（见表3-6）。

表3-6　1985~2018年我国出口退税率与政策目标调整的变化

年份	退税率调整情况	调整目标
1985~1994	退税率上调	拉动外需，增加外汇，出口拉动型经济增长
1995~1996	退税率下调	为减轻中央财政支出负担
1997~1999	退税率上调	应对亚洲金融危机，维持人民币汇率稳定
2000~2003	退税率差别化调整	促进经济增长和调整产业结构双目标，中央和地方共同负担出口退税
2004~2005	退税率有差别的下调	减轻人民币汇率升值压力，降低国际贸易摩擦，优化出口产品结构
2007	退税率上调	应对美国次贷危机影响，稳定经济增长
2008~2012	退税率差别性的调整	调整产业结构，促进产业转型升级
2013~2015	退税率逐步下调	为应对贸易顺差和优化结构
2018	退税率上调	应对中美贸易摩擦

2018年，美国特朗普政府借口中美贸易美国长期逆差，多次宣称加征特别关税来逼迫中国政府在许多方面做出让步。面对复杂的国际形势，中美之间多次进行高层次的经贸洽谈，希望能友好地解决双方之间的问题，另外我国也相应地做了一些应对措施（见表3-7）。同年10月22日，财政部、国家税务总局下达《关于调整部分产品出口退税率的通知》，自11月1日起提高相纸胶卷、塑料制品、钢化玻璃、润滑剂、部分金属制品、

第 3 章
国内外出口退税政策的比较分析

农产品等约1172项出口产品的退税率，取消豆粕出口退税，退税率由7档减为5档，进一步简化税制来应对中美贸易危机。

表 3-7　　　　　2018~2019年中国与美国贸易摩擦时间表

时间	美国措施	中国应对措施
2018年1月	1月23日，美国宣布将对进口中国太阳能电池和太阳能板及大型家用洗衣机征收临时性关税	1月23日，商务部发言人表示，此次美方再次对进口光伏产品和大型洗衣机发起全球保障措施调查，并采取严苛的征税措施，是对贸易救济措施的滥用。中方对此表示强烈的不满
2018年3月	3月8日，美国宣布将对进口钢铁和铝分别课以25%和10%的重税；3月23日，美国总统特朗普在白宫正式签署对华贸易备忘录。并当场宣布，将有可能对从中国进口的600亿美元商品加征关税；对航空航天、信息通信技术、机械等产品加收25%的关税	中国商务部发布针对美国232措施中止减让产品清单并征求公众意见，拟对自美进口的约30亿美元产品加征关税，以平衡因美国对进口钢铁和铝产品加征关税给中方利益造成的损失
2018年4月	4月3日，美国发布了依据"301调查"结果建议征收1300个中国产品关税的清单，涉及航空航天、信息和通信技术、机器人、医药和机械等行业，总规模大约500亿美元，建议对清单上的中国产品征收额外25%的关税，以弥补美国遭受的科技损失	4月4日，经国务院批准，国务院关税税则委员会决定对原产于美国的大豆、汽车、化工品等14类106项商品加征25%的关税，金额约500亿美元
2018年6月	6月15日，美国白宫发布对华关税清单，将对中国价值500亿美元的商品加征25%的关税。美国贸易代表办公室当时宣称第一组针对340亿美元中国商品的关税将于7月6日开征，对160亿美元的第二组关税还需进行进一步评估	随后，国务院关税税则委员会回应称，决定对原产于美国的659项约500亿美元进口商品加征25%的关税，其中545项约340亿美元自2018年7月6日起实施加征关税，对其余商品加征关税的实施时间另行公布
2018年8月	8月2日，美国贸易代表声称拟将从中国进口的约2000亿美元商品加征税率由10%提高至25%	8月3日晚，国务院关税税则委员会发布公告，宣布将对原产于美国的5207个税目约600亿美元商品，加征25%、20%、10%、5% 4档不等税率的关税，并出台具体反制清单
2018年9月	9月18日，美国政府宣布实施对从中国进口的约2000亿美元商品加征关税的措施，自2018年9月24日起加征关税税率为10%，2019年1月1日起加征关税税率提高到25%	随后，国务院关税税则委员会决定对原产于美国的5207个税目、约600亿美元商品，加征10%或5%的关税，自2018年9月24日12时01分起实施。如果美方执意进一步提高加征关税税率，中方将给予相应回应，有关事项另行公布

续表

时间	美国措施	中国应对措施
2018年12月	12月1日,在阿根廷首都布宜诺斯艾利斯,中美两国元首举行了一次历史性的晚餐会晤。双方决定,停止升级关税等贸易限制措施,包括不再提高现有针对对方的关税税率,及不对其他商品出台新的加征关税措施	
2019年2月	美国当地时间2月24日下午,第七轮中美经贸高级别磋商在美国首都华盛顿结束。美国总统特朗普表示,磋商取得实质性进展,美国将延后原定于3月1日对中国产品加征关税的措施	

资料来源：根据新华网、央视新闻、商务部网站等相关资料整理。

3.2 欧美国家的出口退税政策

3.2.1 法国

法国属经济发达的国家，是欧盟第二大经济体。根据 WTO 组织公布的数据，2017 年法国对外贸易总额为 1.16 万亿美元，居世界第六位。据法国官方发布的信息称 2018 年法国 GDP 总量为 2.766 万亿美元，比上年增长 1.5%。1954 年，法国开始在工业生产部门实行增值税，1968 年推行到国内各个行业，涉及生产、流通、服务等各流通环节，是世界上最早实行增值税的国家。法国目前增值税（TVA）的征税范围广，设标准税率和低税率两档，其中标准税率为 20%，低税率为 10%、5.5% 和 2.1%[①]。建立了增值税纳税人单一的识别号制度、自动申报自动缴纳制度、稽核制度，实行信息化管理。法国增值税税款的征收与退还由中央政府统一管理，收入与地方政府分成，征收管理体现了中央高度集权的特性。

法国也是较早实施出口退税的国家，建立了有稽查措施保障的增值税余额退税制度，出口退税完全由中央负担，相关的制度较为完善。法国出口退税涵盖的范围较广，涉及工业、农业、商业、交通运输业、服务业等

---

① 资料来源：德勤（GTC）全球税务中心（欧洲）. 2017 年欧洲增值税退税指南，http://www.deloitte.com.

诸多行业，包括生产商、专业出口公司及代理公司，对外国游客和外国采购商在本国的直接采购也可申请退税。

法国企业从事进出口业务不需要获得政府相关部门的审批，不需要另行注册登记。外国公司将货物从法国运往欧盟或欧盟境外的目的地，需要在法国进行增值税注册，才可能收回境内供应商增值税款达到零税率出口。

法国对出口货物实行零税率政策，具体采用两种方式。

一是免税购进，出口不退，即不征也不退的方式。出口商可以免税购进货物，出口时也不再退还增值税。根据出口商的资质、效益及信誉等情况分两种，对经常出口且信誉良好的出口企业，可以根据上年出口业绩申请本年的出口免税额度指标，经税务机关批准后获取免税购买证明及免税证明批准号码，供货方就可据此向出口企业供应免税货物，开具零税率增值税发票，并向当地税务机关申请办理免税。对新成立的或偶尔有产品出口需求的企业，则需要根据出口合同金额逐笔向税务机关申请出口免税购进的额度指标。为防范风险，可能会要求新申请的企业提供第三方担保。让出口企业免税购进，出口不退，将出口退税向前推进了一个环节，有利于防止因退税不及时占用出口企业的资金，有利于提高出口商品竞争力。

二是"免、抵、退"方式。对出口商品免收最后环节的增值税，购进的进项税额抵顶内销货物的应纳税款，不足部分转结下期继续抵扣或办理退库。按照出口业务的多少，出口企业可选择按月或季或年申请办理退税。

首先法国在出口退税的管理上，没有设立专门的出口退税管理机构，但征税和退税都由同一税务部门进行，这种征退一体化能够较好地避免少征多退问题。其次，建立了滞退金制度，减轻因退税迟缓给企业造成的不利影响。为避免拖欠退税申请人的应退税款，税务机关一般都是先办退税再施以检查。最后，为防止出口骗税，法国税务机关会严格审核出口企业提交的退税申请，并采用风险分析表对退税企业进行风险评估，对检查发现的骗税行为严加处罚。例如，加倍罚款，追溯检查过往10年，对情节严重的追究相关人员的刑事责任等（阎坤、陈昌盛，2003）。税务机关还构建了出口退税的计算机监控网络系统，使用梅多克（MEDOC）和雷别卡（REBECCA）两套系统从增值税纳税人基础资料、税款入库等方面进行管理,并与海关部门的索菲(SOFI)系统比对,将退税风险降到最低。

涉及出口退税的企业根据类型不同分别采取不同的管理方式(见表3-8)。一是在法国登记注册的公司,如果是在另一个欧盟成员国提交欧盟退税申请,要遵循欧盟指令①(即2008/09/EC指令,于2010年1月1日生效),必须登录法国税务部门(FTA)的门户网站通过"订户空间"(用户区)以电子方式提交申请人信息、增值税申报表、发票信息等,在线进行增值税退税申请程序。法国税务部门收到增值税退税申请后要发出收到确认书。如果法国公司在非欧盟成员国提交非欧盟退税申请,要遵循第13号增值税指令,必须按照退税国的要求提交"应纳税身份证明"(attestationd'assujettissement),不能使用法国的门户网站。②

表3-8　　　　　法国不同出口退税企业适用的法律规定

登记地	提交申请地	法律条文
法国	欧盟成员国	2008/09/EC指令
法国	非欧盟成员国	第十三号增值税指令
欧盟国家	法国	2008/09/EC指令
非欧盟国家	法国	第十三号增值税指令

资料来源:德勤(GTC)全球税务中心(欧洲). 2017年欧洲增值税退税指南,http://www.deloitte.com.

二是在其他国家登记注册,但在法国提交退税申请的,又分为两种情况。第一,是在其他欧盟成员国成立的公司,要遵循2008/09/EC指令,符合下列条件才具有退税的资格:公司在法国没有注册,没有居所,所在地或固定场所;公司在法国没有进行任何应税服务或应税货物;等等。提出申请时,外国公司还必须申报增值税退税率。不仅要具备一定的退税资格,还有退税范围的限制、时间限制和最低额度的限制。外国公司所发生的为公司管理人员或员工支付的住宿费用,客运车辆的进口、租赁、维修和保养、使用等相关费用,无偿或远低于正常报酬转移的货物等,不可退

---

① 欧盟指令,是指为在欧盟境内建立和注册增值税的企业要求退还在其他欧盟成员国缴纳的增值税而设立的规定。

② 德勤(GTC)全球税务中心(欧洲). 2017年欧洲增值税退税指南,http://www.deloitte.com.

还增值税。增值税退税申请可以按季或按年申报，最低额度分别为可退还的增值税额 50 欧元和 400 欧元。提交电子发票的应税基础为 1 000 欧元。退税申请必须在纳税年度结束后的下一年 9 月 30 日前提交，逾期不被接受。法国税务部门必须在收到申请后的 4 个月内就退税申请做出接受、部分接受及拒绝接受的决定，并及时通知申请人。如果退税获得批准，将在相关期限后的 10 个工作日内以欧元退回。如果退税处理不及时，法国税务部门将承担逾期付款利息。如果退税被拒绝，申请人可以在判决通知后的 4 个月内向行政法院提出申诉。第二，是在非欧盟成员国成立的公司，可根据第 13 号指令并指定法国增值税代表（该代表必须是在法国设立并缴纳增值税的纳税人，且纳税信誉良好）申请增值税退税，但前提是符合 2008/09/EC 指令的退税条件。申请必须以纸质版的形式提出，并提供原始发票和进口文件。增值税退税申请必须在每个要求提交年度的 6 月 30 日之前提交，逾期申请不予接受。FTA（非居民税务中心）必须在收到申请后 6 个月内就退税申请做出决定。

3.2.2 意大利

意大利是欧洲四大经济体之一，也是西方七大工业国之一。根据世界银行的报告显示，2018 年意大利 GDP 为 2.07 万亿美元，排名全球第八位。意大利的工业较为发达，也是欧洲最大的蔬菜水果生产国，机械制造、建筑、纺织、服装、首饰加工等行业专业化程度高、出口占比较大。其主要贸易伙伴为德国、法国、美国和英国。

意大利的增值税于 1973 年开始实施，对生产商品、提供劳务及进口货物的单位和个人征收，取代过去的流转税和进口附加税。1996 年底，根据欧盟的要求，对增值税税率、申请退税的期限及享受减税的待遇进行了调整，与欧盟其他国家基本保持了协调一致。目前，增值税已成为意大利的第二大税种，主要呈现出商品性、经营性和地域性等特征。

2017 年，意大利增值税的标准税率为 22%，适用于服装、鞋帽、烟、酒等绝大多数消费品；低税率有 10%（糖、米、面、鸡蛋、肉类、药品、餐饮业等）、5%（医疗、教育服务）、4%（农产品、面包、牛奶等生活必需品）和 0 四个档次。意大利增值税的征税范围也包括农业生产活动和农产品，只是在税率和优惠政策上给予了一定的倾斜。税额的计算也采取销项税额减进项税额的计税方法，销项税额不足抵扣进项税额时，不足部分结转以后继续抵扣，不予退税。

意大利出口退税的范围包括生产商、专业外贸公司、代理公司等出口的各类商品和劳务，外国旅客的私人行李物品及托运出境物品，以及外国采购商发生在意大利境内的直接采购行为等。退税率按照征收率执行，为保障出口商的利益也建立有滞退金制度，对逾期退税支付相应的利息。

意大利对生产企业和外贸企业的出口退税都是采用免、抵、退税的政策[1]。对生产企业免征出口环节的增值税、消费税，其耗费的进项税额抵顶本企业的应纳增值税额，年度未抵扣完的进项税额可以结转下年抵扣，也可以申请办理退税。对进出口企业如果出口销售额能够占总销售额 10% 以上的，可申请采用将出口货物应退税额抵顶进口货物的应交税额或购进出口货物的进项税额的限额免、抵、退方式。

为防止可能出现的骗税，意大利政府构建以现代化信息网络为支撑的信息监控管理系统，加强对出口退税的审核管理。一方面，意大利在全国范围内建立严密的计算机信息监控网络系统，财政部与海关、财政警察、银行及欧盟联网；另一方面，海关也及时地将进出口货物监管的信息反馈给税务管理部门，随时了解和掌握申请退税的企业进出口货物出入境的信息。财政部门也外派财政警察值守海关的货物监管现场，各司其职又互相协作、互相监督和互相制约，共同加强对进出境货物的检查和审核。并据以进行征税、退税的审核管理工作。

为防止企业假出口骗税，意大利法律规定了对申请退税的出口企业严格审查的制度，核查时间最长可达 5 年。对查出的出口偷税、骗税案件一般给予 2~6 倍的经济处罚，严重的还要追究当事者的刑事责任。对查补的税款，当事者须限期缴纳，否则可能招致执法部门没收其财产拍卖以充抵税款。此外，意大利也与其他国家进行国际合作，加强税务情报交换，互

---

[1] 深圳市国税局"WTO 与中国出口退税政策走向研究"课题组. 出口退税制度的国际比较与借鉴 [J]. 涉外税务，2001 (5): 51-55.

通税务信息，共同防范出口偷税、骗税行为的发生。

意大利将涉及出口退税的企业分为几种类型分别采用不同的管理方式。①

一是在意大利登记注册的公司，如果是在另一个欧盟成员国提交欧盟退税申请，要遵循2008/09/EC指令，必须以电子方式通过登录国家税务机关的门户网站提交退税申请，但退税的最终决定权取决于退税国家。通过意大利税务机关的门户网站来完成退税申请的，需要提前注册和经过许可。上传发票的信息要包括发票编号、日期、供应商名称、应税金额和增值税金额等。税务部门收到增值税退税申请后要发出收到确认书。如果意大利公司在非欧盟成员国提交退税申请，要遵循第13号指令，必须按照退税国的要求提交"应纳税身份证明"（意大利称之为"增值税登记证"），不能使用本国的门户网站。

二是在其他国家登记注册，但在意大利提交退税申请的，又分为两种情况。第一，在其他欧盟成员国成立的公司，要遵循2008/09/EC指令，符合下列条件才具有退税的资格：公司在本国没有注册，没有居所或固定场所；公司在本国没有进行任何应税服务或应税货物等。根据欧盟的判例法，外国公司所发生的用于公司业务、商业用途或私人等所支付的汽车、燃料或者维修等相关费用，可根据情况全额或部分退还增值税。增值税退税申请可以按季或按年申报，最低额度分别为可退还的增值税额50欧元和400欧元。意大利对电子发票有一定的要求或限制，基本上实施欧盟发票指令。退税申请必须在纳税年度结束后的下一年9月30日前提交，逾期不被接受。意大利税务部门必须在收到退税申请后的4个月内做出接受、部分接受及拒绝接受的决定，并及时通知申请人。退税申请部分接受的，申请人必须在收到通知的1个月内提供所有信息，相应的税务机关批准的期限将延长到6~8个月。退税申请被拒绝的，要说明理由。根据意大利法律，如果提出申请之日起90天内没有做出决定，将视为被拒绝，称之为"无声否认"。申请人可以在收到拒绝通知的60天内向税务当局申诉。申诉不成功的，可以通过辩护律师向二级税务法院和最高法院提出上诉。如

---

① 德勤（GTC）全球税务中心（欧洲）. 2017年欧洲增值税退税指南, http://www.deloitte.com.

果退税获得批准，将在相关期限后的 10 个工作日内以欧元退回。如果退税处理不及时，意大利税务部门将承担逾期付款利息。第二，在非欧盟成员国成立的公司，可根据第 13 号指令向意大利申请退税，但前提是这些公司所在国政府要与意大利政府签署了互惠协议。目前签署的国家有以色列、挪威和瑞士等。意大利税务部门做出答复的时限为 6~8 个月，如果退税处理不及时，同样将承担逾期付款利息。

意大利规定退税可以委托第三方代理申请，但第三方必须具有"足够的专业、经济、财务和组织能力"，并且必须在注册进入意大利门户网站之前获得意大利申请人的授权。

非欧盟国家的旅客从意大利境内购买并带出欧盟关境且单位价值在 30 万里拉以上的商品，经出境海关认可也可以给予退税，具体采取现金退税和转账退税两种办法，但均要收取应退税额 5% 左右的手续费。

3.2.3 德国

德国位于欧洲的中部，是欧盟人口最多的国家。据世界银行公布的 2018 年 GDP 排名显示德国为 4.029 万亿美元，居世界第四位、欧洲国家第一位，比上年增长 1.5%，是欧洲经济的"领头羊"。

德国的增值税被称为"umsatzsteuer"（USt）或者"mehrwertsteuer"（MwSt），与欧洲其他国家相比最大的区别为它是联邦政府与地方政府的共享税。其优势在于此税的征管可以同时调动联邦政府和地方政府的积极性，但也易引起各级政府之间的矛盾。德国 2017 年增值税采用 2 档税率，标准税率为 19%，低税率为 7%。

德国对出口退税的范围没有什么特别的规定，只要是出口到国外的服务、技术或商品都可享受。对出口的商品实行零税率政策，并采取"先退税，后分成"的方式，即所有的增值税款先收缴到国库，对经审核给予出口退税款后，再将当年余下的增值税款按一定比例分解到联邦政府和地方政府。德国增值税的征收与管理相对比较规范和严格，保证了国内流转各环节税款的"应收尽收"，为税款的"应退尽退"提供足够的资金。而退税的程序和管理则相对比较简单。

第 ❸ 章
国内外出口退税政策的比较分析

德国的税务机构一般按业务职能设置税款征收（退库）、税务检查、税务稽查、税务法律事务、资产评估等部门。各个部门分工明确，职责清晰，互不干涉，既相互独立又相互制约，形成了一个环环相扣的、严密的执法体系，从而保证了出口退税管理的公正与严谨。

此外，德国税务机关还派人进驻大型出口企业，注重与其他职能部门的信息沟通、协调配合，如依靠海关了解货物出境、价格、数量、规格、品种等情况，依靠银行查询结汇情况等，加强对出口退税的事前、事中和事后的审核与管理工作。

德国把涉及出口退税的企业分为几种类型分别有着不同的管理方式。[①]

一是在德国登记注册增值税的公司，如果是在另一个欧盟成员国提交欧盟退税申请，要遵循 2008/09/EC 指令，必须通过德国税务部门以电子方式提交申请人的一般信息、申请期限、银行明细、发票清单等。也可以由申请人在德国境外设立的第三方服务提供商提交增值税退税申请。德国税务部门收到增值税退税申请后要发出收到确认声明。如果德国公司在非欧盟成员国提交非欧盟退税申请，要遵循第 13 号增值税指令，不能使用德国的门户网站，必须按照退税国的要求提交"应纳税身份证明"（这种形式在德国被称为德国企业家证书，一般是根据样本 UST 1 TN 获得证书）。

二是在其他国家成立但在德国提交退税申请的，又分为两种情况。第一，在其他欧盟成员国成立的公司，要遵循 2008/09/EC 指令，符合下列条件才具有退税的资格：公司在德国没有注册或负责注册增值税；在德国没有居住地或固定常设机构；公司在德国没有提供任何应税服务或应税货物，等等。对没有商业用途的物品和服务的供应，与免税活动有关的货物、礼品及服务不可退还增值税。增值税退税申请涉及的期限少于 1 年，但不少于 3 个月的，最低申请退税数额不得低于 400 欧元。提交电子发票或进口文件的应税基础至少为 1 000 欧元。收到合格的退税申请后，德国税务部门必须在收到申请后的 4 个月内就退税申请做出接受、部分接受及

---

① 德勤（GTC）全球税务中心（欧洲）. 2017 年欧洲增值税退税指南，http://www.deloitte.com.

拒绝的决定。如果要求申请人提供更多的信息，可以将做出决定的期限延长至 8 个月。如果是拒绝要说明理由，并及时通知申请人，申请人可以在决定公布后的 1 个月内以书面形式向联邦税务局提出申诉。如果德国税务部门未及时下达决定，将要承担逾期利息。对进口增值税退税的时间取决于增值税退税申请和提供文件的复杂程度，一般来说退款可能需要 8~14 个月。第二，在非欧盟国家成立的公司，可根据第 13 号指令并通过 BZSt 电子入口提交退税申请。德国与美国、加拿大、瑞士、澳大利亚、日本、韩国、马尔代夫、冰岛、挪威、沙特阿拉伯、伊朗、以色列、科威特、黎巴嫩、巴哈马、开曼群岛等 40 多个国家和地区签订了互惠协议。增值税退税申请必须在纳税日历年度结束后的 6 个月内提交，即到次年 6 月 30 日，逾期申请不予接受。申请必须提供原始发票、进口文件、清关表格等文件。如果委托第三方代表提出申请，则要有申请人公司总经理签字的授权书。德国税务部门必须在收到申请后 6 个月内就退税申请做出决定。

3.2.4 英国

英国是全球著名的金融中心，其银行业、保险业、航运业、服务业等居于世界领先地位，生产技术发达，工业、农业、能源等行业机械程度高、效益高。据世界银行公布的 2018 年 GDP 排名显示英国为 2.809 万亿美元，居世界第五位。

英国于 1973 年 4 月开始实施增值税（value-added tax，VAT），以替代之前实施的购买税（purchase tax）和选择性就业税（selective employment tax）。英国也在当年成为欧洲经济共同体的成员国，从此与欧洲经济共同体其他成员国的商品课税制度基本保持了协调一致。按照英国增值税法的规定，在英国境内销售应税商品、提供应税服务以及进口应税商品和服务的应缴纳增值税，纳税人包括个人、合伙企业、组织、公司等。大多数生产经营活动都需要按照相关的法令办理纳税登记，但一般对特殊群体如农民、渔民等例外。2017 年，现行增值税的税率分为 3 档：标准税率为 20%，适用于绝大多数商品和服务；低税率为 5% 和 0，前者适用于家庭用电或者汽油,后者适用于食品、图书和报纸、儿童衣服和鞋子、公共交通等。免税的商品和劳务主要有保险、邮政服务、信贷服务、教育和培训服务、慈善机构的筹款活动、健康保健和福利服务,以及残疾人或长期病人自用或家庭使用的商品。

英国规定,货物可以直接或间接从欧盟出口。直接出口是指货物从英国出口到欧盟以外的地区,英国是货物出口和离境的海关地。间接出口是指货物从英国出口但从另一个成员国离境到欧盟以外的地区,英国是出口的海关地,另一个成员国是离境的海关地。因为欧盟境内所属成员国互免关税,这种情况下的英国货物在欧盟境内销售不需要填写出口报关单,即不视为出口。凡向欧盟以外的客户出口货物则必须填写出口报关单。英国对出口退税的商品、劳务或服务并无过多的范围限制,凡向欧盟其他成员国的客户提供货物或向欧盟以外的客户出口货物与劳务等均可享受零税率优惠政策,用于非商业活动的商品和服务不予退还增值税。如果是非欧盟居民(如外国旅游者、进入境内采购商品的外国商人等)离开英国,或欧盟居民离开英国前往非欧盟国家,且在12个月内不会返回的,也可以向英国税务部门申请退回购买应税商品、应税劳务或服务的进口增值税。

在英国缴纳增值税(VAT)要通过唯一的纳税人VAT识别号码进行缴纳,中介机构不能代缴增值税,也不能使用中介机构或其他个人的VAT号码作为自己的增值税账号。英国将涉及出口退税的企业分为几种类型分别有着不同的管理方式[①]。

一是在英国成立的公司如果在另一个欧盟成员国提交欧盟退税申请,要遵循2008/09/EC指令,必须通过电子在线系统提交。VAT税号注册后,有两种途径申请退税:第一,使用英国税务机构(HMRC)的官方在线操作系统自行申报,此时需要注册增值税在线服务;第二,可以委托代理人代为申请增值税退税,代理人需要获得代理申请人的委托书或授权书。提交电子表格的信息包括标准信息和特定的发票信息。标准信息包括申请人

---

① 德勤(GTC)全球税务中心(欧洲). 2017年欧洲增值税退税指南, http://www.deloitte.com.

的名称、电邮地址、商业活动信息、申请期限、增值税登记号码、银行账户信息等；发票信息包括供应商的名称、地址及增值税识别号或税号，发票或进口文件的日期和编号，以退税成员国的货币表示的应纳税额和增值税额，获得的商品和服务的性质描述等。

二是在其他欧盟国家成立的企业向英国提交增值税退税申请，也要遵循 2008/09/EC 指令，申报增值税的商品或服务必须是为了在英国以外的国家开展经济活动，并在该国创造增值税抵扣的权利。

申请退税的期限不得超过 1 个日历年度或少于 3 个月。经常出口的纳税人通常是每 3 个月需要向英国税务机构提交增值税退税申请。这段时间被称为"会计期"。退税申请最迟应在下 1 个日历年度的 9 月 30 日之前提交。如果公司在退税年度注销增值税，则必须在撤销注册后尽快提交申请。

在英国有最低退税金额的限制。退税金额小于最低金额，将不能够办理退税手续。如果申请涉及少于 1 个日历年，但不少于 3 个月，则申请金额不得少于 295 英镑；如果申请涉及 1 个日历年或 1 个日历年的剩余时间，则该数额不得少于 35 英镑。

与其他国家不同，英国没有设立专门负责办理出口退税事项的机构。税务机构在收到退税申请后及时地审核申请是否符合要求，必须在收到申请后的 4 个月内做出接受、部分接受或拒绝接受的决定。部分接受的，申请人在得到通知后的 1 个月内要补齐相关的信息；拒绝接受的，税务机构必须要说明理由，申请人对拒绝理由不认可的，可以要求以前从未涉及此事的 HMRC 官员重新审查，或者向独立法庭提出上诉。如果申请人先选择审查，审查完成后仍然可以向审裁处上诉。重审官员必须在收到要求后的 30 天内进行审查。对重审决定仍不认可的，可以在随后的 30 天内通过电子邮件或普通邮件的方式向审裁处提出上诉。对材料审核通过的，HMRC 会在 8 个月内批准退款，在随后的 10 个工作日内支付给申请人的银行账户上。如果付款不及时处理，HMRC 将承担逾期付款的利息。

三是在非欧盟国家成立的公司可以使用第十三号指令程序申请收回在英国支付的增值税。如果申请期限不超过 12 个月，则增值税最低申请金额不得低于 130 英镑。但是如果申请是规定年份的全部 12 个月，或者少于

3个月在规定年度内，所申报的增值税额不得少于16英镑。申请必须在纳税申请日历年结束后6个月内（即在12月31日之前）提交给英国税务机关。如果申请被接受，HMRC将在申请后的6个月内支付退款，逾期将承担利息。如果纳税人虚假申报，HMRC将对其处以罚款。

英国的出口退税政策相对来说较为简单和规范，也主要采用"免、抵、退"方式。即出口企业出口商品时的环节免税，前序购进环节的已纳税款可以在该企业其他业务的销项税额，包括进口商品应缴纳的增值税中抵扣，不足抵扣部分准予退税。此外，对专业的外贸出口公司的收购出口也实行"免税采购"的退税方式。出口退税的免、抵、退均按照法定的征税率计算，基本上不存在征税率与退税率不一致而产生多征少退的状况。英国也设计了滞退金制度，逾期未退税务机关将承担应退税款逾期的利息。政府建立税务风险的评估系统，采取企业自行申报退税与海关税务联合重点稽查相结合的方式，加强对出口退税的审核管理。

英国虽然经济发展水平较高，但从地理位置上与欧洲大陆隔离，与欧盟其他国家在社会与历史传统上亦有较大的差异，一直被认为对欧洲一体化进程若即若离。近年来英国认为欧盟法律限制太多，自己承担的会费多但得不到相应回报，再加上欧债危机和欧洲难民问题等原因，一直在尝试脱欧。2016年6月23日，英国举行全民公投确定脱欧。2017年3月29日，英国正式开始为期2年的脱欧谈判，将脱欧期限定为2019年3月29日。脱欧后英国在经济政策和财税政策上将面临着较大的调整。

3.2.5 美国

美国是个联邦制国家，三级政府都有税收的立法权，因此各级政府根据自身的权力、经济发展状况以及征管水平分别选择不同的税种作为主体税种，从而形成了不同的税制模式。现行的税收制度以联邦政府的所得税和州政府的消费税为主。联邦政府征收的是所得税，地方政府一般以财产税为主体，所以出口退税不关美国联邦政府和地方政府的事。州政府开征的消费税一般就是销售税（sales tax）。各级政府税收收入的比重大约稳定在6∶2∶2。

美国有50个州，其中有5个州未开征销售税，购物免税，分别是俄勒冈州（Oregon）、特拉华州（Delaware）、阿拉斯加州（Alaska）、蒙大拿州（Montana）和新罕布什尔州（New Hampshire）。这5个州的州政府不对任何商品征税，但州内的地方政府（市政府）可能会征收购物的地方消费税，如阿拉斯加州、新罕布什尔州等。新泽西州（New Jersey）则是部分商品免征销售税。

其他州政府对特定的商品和服务征收，根据当地的经济发展情况及政策目标确定各自的销售税税率，一般不超过10%。税率较高的有田纳西州（Tennessee）、密苏里州（Missouri）、加利福尼亚州（California）等。征税范围主要包括汽车燃料、酒精饮料、烟草制品、餐饮、住宿、枪械、航空和船舶运输、某些危害环境的产品（如原油及某些石油产品、消耗臭氧化学品等），以及煤炭、电话通信、博彩等。此外，对医疗保险公司和某些品牌处方药的制造商和进口商征收年费。为促进消费，美国有些州每年会在特定的日期实行免税政策。常见的免税品有学校用具、衣服、鞋子、节能产品等①。

由于销售税是州政府的税，美国的联邦法律对此没有什么统一的规定，相关的税收政策都是由各州自行制定。因此，各地对本州生产或购买的商品出口到别国销售和使用的税收政策差异较大。如得克萨斯州规定，对于在得克萨斯州购买的有形个人财产并出口到另一个国家的销售和使用税实行豁免。出口提交运输文件或货运公司收据、提单、报关行报关文件等以证明货物出口，申请退还得克萨斯州销售税和使用税的法定时效为从税收最初到期和应付之日起4年内。一旦购买者取得出口证明书，可以从购买之日起向出口商申请退还长达4年的税款。从其他州购买货物从得克萨斯州出口，则不能获得得克萨斯州的退税。

美国各州出口退税也采取的是"征多少，退多少"的原则，但是必须取得相关的出口商品凭证。根据美国商务部网站2015年的统计数据来看，美国出口额较大的州基本上集中在五大湖地区和得克萨斯州及加利福尼亚州。其中，得克萨斯州是美国棉花的主产州，艾奥瓦州、伊利诺伊州和印

---

① 刘翠微. 美国联邦税制2017年最新情况［J］. 财政科学，2017（8）：116–125.

第安纳州是大豆和小麦的主产州，加利福尼亚州是科技产业强州，因此其出口贸易比较发达。2010~2015年出口贸易额较大的前五大州分别是得克萨斯州、加利福尼亚州、华盛顿州、纽约州和伊利诺伊州（见图3-1）。各州销售税的征收率分别是得克萨斯州8.25%、加利福尼亚州7.25%、华盛顿州6.5%、纽约州4%、伊利诺伊州6.25%。销售税通常是在最后的销售环节从价征收，各州生产的产品如果直接组织出口时销售价格是不含税的价格，一般也就不存在出口退还流转税的问题。

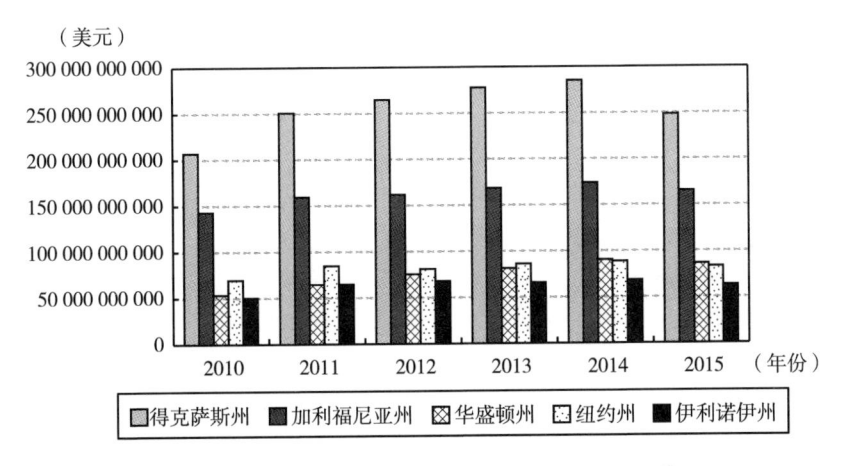

图3-1 2010~2015年美国出口额最大五个州情况

资料来源：美国商务部网站。

对国外旅游者，在征税的45个州中目前只有2个州，分别是得克萨斯州和路易斯安那州在机场设有退税点，外国游客购买商品且带出美国使用的可以在离境时获取销售税的退还。游客被要求凭外国护照、往返美国90天内有效的离境机票（包括在美国境内的转机机票）、所购物品及所购物品的票据等，通过退税机构办理相关手续。退税的最低额度一般为单个商店所购物品的税金至少要达到10美元，所购物品票据上的日期必须是在离境前的29天以内。退税机构审核同意后一般在离境后3~7个月内得到所购物品的退税。得克萨斯州的销售税税率大约是8.25%，退税机构会收取少量的服务费，退回到游客手里的大约是5%~6%。对于一些大宗商品例如汽车、游艇或机械设备，如果游客自己从美国国内购买运往国外，是无法享受退税的，但如果是经销商出口可以免征各种税费。而如果是批发大宗商品也可以通过出口商向各州的税务部门和海关申请办理退税。

3.3 亚太国家的出口退税政策

3.3.1 日本

日本是东亚岛国，国土面积并不大，资源贫乏，但人口多、劳动力充裕，高度依赖进口和发达的制造业是其国民经济发展的两大显著特点。此外，科研、航天、动漫游戏、旅游等产业的发展水平也在国际上位居前列。据世界银行统计显示，2018 年日本 GDP 为 5.07 万亿美元，仅次于美国和中国，位列世界第三位。2018 年日本货物贸易进出口额为 1.37 万亿美元，位列世界第四位。

日本实行以直接税为主体的复合税制，含 50 多个税种。主要包括所得税（预提、让渡和个人所得税）、法人税（公司所得税）、消费税、印花税、遗产税和赠与税以及酒税等。日本在出口商品退税方面主要是以消费税为依据。在收入分配上，中央税约占全国税收收入的 60%，地方的道府县和市町村税收收入约占 40%。

1989 年 4 月 1 日，日本引入消费税，是在生产和销售各个阶段的加价过程中收取的，这一点非常类似我国的增值税。消费税对货物和服务征收，征税范围广泛，几乎包含了所有的商品交易和劳务，属于多阶段增值性课税，间接税的性质让税负最终由消费者承担。日本消费税的税率包括消费税和地方消费税两大部分，一直采用单一税率。2014 年 4 月 1 日，消费税率由 5% 提高到 8%。其中，消费税率 6.3%、地方消费税率 1.7%。2019 年 10 月 1 日，日本财务省（MOF）将消费税税率进一步提高到 10%，并改变单一的税率结构，引入优惠税率，对关系民生的食品饮料、新闻报纸等商品继续实行 8% 的优惠税率。日本政府希望通过这次税收改革筹集社会保障资金，缓解财政压力。

日本对出口货物和服务通过进项税退税实现出口零税率。据统计，日本出口退税额约占消费税税收总额的三成左右①。

根据日本消费税的法律规定，企业如果进行出口交易则免征消费税。这是基于消费税是在国内消费所应缴的税而不应该由国外消费者承担税负。在报告期内应税销售1 000万日元以下的运营商将从纳税的责任中免除即给予出口退税。这同样适用国际货物运输、国际电话出口及国际邮件等跨境服务。此外，日本也给予外国游客在免税中心和购物中心购进的日常物品携带出境时退税。自2016年5月将一般出境商品的退税起点由10 000日元下调至5 000日元，以刺激外国游客的旅游和消费，促进经济增长。

出口贸易免征消费税是一个比较宽泛的概念，在国内采购时含税采购价格包含消费税和地方消费税的数额。计算的税基不仅包括商品自身的价格也包括采购过程中产生的一系列费用。例如，办公用品的出口贸易，其价格就包括办公用品的价格和招待、广告等费用。因此在出口的情况下，应税购买包括的消费税以及地方消费税的数额可以在出口申报时将购买的税额扣除，即对采购过程中产生的费用进行一定的扣除。出口免税需要按照一定的出口贸易规定获取出口许可证书，出口中提供的服务方面也需要对其进行说明，方可作为出口交易的证明而给予相应的扣除。

目前，一些国家在双边贸易的基础上为实现外汇平衡开展三个国家或地区之间相互进出口的三边贸易。例如，2012年11月中日韩三国经贸部长就宣布启动三国自贸区建设的相关谈判。日本税法对三边贸易（triangulartrade）也做了法律上的规定，在三边贸易的情况下商品或服务被转移到日本，再由贸易商在日本购买此商品或服务运往他国销售，这样的商品或服务应该被视为出口贸易，不用缴纳消费税。

3.3.2 韩国

20世纪60年代，韩国实行"出口导向型"的经济发展战略，促进了出口贸易和国民经济持续高速增长。1996年人均GDP即达到1万美元以

---

① 李清如. 对日本税制新近改革趋势的研究[J]. 国际税收，2019（1）：11.

上，同年加入经济合作与发展组织（OECD）。据世界银行统计数据显示，2018年韩国GDP为1.656万亿美元，位列世界第十一位。韩国经济以制造业和服务业闻名，其中汽车、电子、造船、钢铁等产业的产量居世界较前位置。

韩国的税制由国税和地方税两级构成，实行中央与地方分税管理。国税由国内税和关税组成，主要包括所得税、公司税、遗产与赠与税、增值税、酒精税、印花税、特种消费税、证券交易税等。国税收入主要来自所得税和流转税，地方税收入主要是对财产进行课税，地方税分为省税和市税，省税主要包括购置税、牌照税，市税主要有登记税、牌照税、屠宰税、城市规划税等。韩国1976年12月颁布《增值税法》，自1977年开始征收增值税，采取的是消费型增值税，实行10%的单一税率。同时，也开始对出口的商品和劳务实施增值税出口退税制度。

与其他国家有所不同，韩国出口退税的税种不仅包括增值税和特种消费税，还包括关税、进口附加税、酒税、交通税、教育税等。对生产制造商自营出口或委托代理商代理出口，按出口零税率处理，如果出口比例较大，对未抵扣完的进项税额允许结转下期抵扣或退税。如果是出口商买断出口，区分两种情况退税。一是出口信誉较好且有出口信贷的出口商，可由银行开具信用证免税购进出口货物，实现出口零税率；二是对没有出口信用证的出口商以含税价格收购货物出口后，可向所在地的税务机关直接申请退税，即通过先征后退的方式实现出口零税率。

生产制造商或出口商申请出口退税时，需向税务部门提供出口合同、出口许可证、出口报关单、结汇单等材料，税务部门和海关联合审核、查验和监督出口活动的真实性，避免虚报出关，骗取退税款。

韩国对出口货物实行完全退税的原则，"征多少，退多少"，不提前预设退税比率，也未设立单独的退税机构。退税申报分为预先申报程序和确定申报程序两个阶段，退税期限一般为3个月退还一次。对出口占比较大的企业可以申请提前办理退税。出口退税向出口商所在地的基层税务所申请，并冲减其税收收入数额，不足部分可向其他税务所借支。韩国的征税、退税两个部门是一体的，使征税与退税实现更好衔接。此外，建立出口退税的滞退金制度，有助于提高退税效率。出口退税纳入增值税的日常管理，通过电算化网络实时实施动态的事前和事后管理；并设立专门的税务审计部门，加强对出口企业的监督和管理。

3.3.3 泰国

随着制造业和服务业的发展，尤其是旅游业的崛起，泰国的经济发展水平不断提高，经济结构也发生了很大的变化，由传统的农业国转变为新兴的工业国家，并且已被世界银行列为中等收入国家。据世界银行统计数据显示，2018 年泰国 GDP 为 4 901 亿美元，位列世界第二十五位。泰国的税制结构与我国相类似，分为直接税和间接税两大类。主要税种包括个人所得税、公司所得税、石油所得税、增值税、特别营业税、消费税、关税、印花税、财产税等。泰国自 1992 年 1 月 1 日开始征收增值税，由国家税务厅负责征收管理，2015 年 10 月，增值税税率由 7% 提高到 10%，所征收入按照一定的比例由中央和地方分享。

在泰国，从事生产、销售或服务的、年营业额超过 120 万泰铢的企业都要按增值额缴纳增值税。大部分出口贸易是由生产制造企业自营出口，少量的委托中间商代理出口或者由中间商买断出口，这三种形式的出口大概分别占比 5∶2∶3。泰国为提高出口竞争力，对出口货物实行零税率，出口退税未设置专门的退税机构，而是纳入增值税的常规管理。出口退税的申报程序与国内增值税一般抵扣和退税程序一致[1]。泰国办理出口退税的一般程序是：纳税人定期向当地税务部门提交内销与出口销售的汇总纳税申报表，经当地税务部门审核后，办理征退税手续。对进项税大于销项税的，纳税人可以选择两种退税方式，当期办理现金退税或者结转下期继续抵扣退税。若进项税小于销项税，纳税人必须在当月结束后 15 天内向税务机关缴税，纳税人如有异议可提出申诉。如果纳税人因漏填等原因少取得应退税款时，法律规定可以在 3 年内补退。纳税人出口货物申请出口退税的，需要提交增值税申报表、出口货物报关单等凭证。出口报关单要详细注明出口货物的种类及其不同的来源，要与海关汇集的信息核对。对因

---

[1] 朱宪堂. 泰国、韩国增值税及出口退税的考察和启示 [J]. 商业会计，1995 (4)：41-42.

故报关后退回并在国内销售的货物,出口商需要补缴税款。退税数额不在预算中单独反映,退税额按增值税的分成比例由中央和地方财政共同分担。

泰国的税收法制建设比较完备,出口退税政策比较完善,税务、海关等退税部门间协作能力强,并重视运用计算机网络加强对出口退税的审核管理,对于违法者的惩处也比较严厉。税务机关对出口企业实行分类管理,根据出口企业的经营和纳税情况,将出口企业分为优质出口商和注册出口商两类,前者比后者可以在更短的时间内更快获得出口退税款,有利于出口企业的资金周转,提高出口的积极性。

3.3.4 新西兰

新西兰是一个经济发达的国家,据世界银行统计数据显示,2018年新西兰人均GDP为4.1267万美元,位列世界第二十二位。新西兰的农业、畜牧业高度发达,乳制品、肉产品、羊毛的产量和出口量在世界上占有重要地位。工业以农林牧产品加工为主,加工的奶制品、毛毯、木材、食品主要用于出口。此外,得益于得天独厚的地理环境,新西兰的旅游业、航空业也发展迅猛。新西兰的税制结构由直接税和间接税两部分构成,现行的主要税种包括个人所得税、企业所得税、商品服务税、附加福利税、消费税、关税、差饷(物业税)等,以所得税为主体税种。20世纪90年代后期,所得税约占全部税收的64%左右,间接税以商品服务税为主,约占全部税收的24%左右[①]。

新西兰在20世纪80年代中期开始进行大规模的税制改革,克服传统税制的税基窄、税率高、税负不公、偷逃税严重等问题,自1986年开始引入宽税基、低税率、严征管的商品服务税(goods and services tax,GST)制度。新西兰的商品服务税是一种增值税,征税范围包括除金融服务、商业房屋租赁等以外的所有货物和劳务,在产品销售或提供劳务的每一道环节上征收。税率由最初的12.5%逐渐提高到15%的水平,确保了税收收入

---

① 赵莲珍. 新西兰的出口退税 [J]. 山东税务纵横,2000 (5):63-65.

持续稳定增长。

按照新西兰颁布的商品服务税法，对出口货物实行零税率政策，基本上按照商品服务税的征收率给予全额退税。还按企业纳税规模不同区分为大中小类型企业，规定了按 1 个月、2 个月或半年办理退税的期限。商品服务税作为间接税，最终由终端消费者来承担。为减轻作为中间载体的企业征税、退税的工作量，实行征税、退税一体化申报的管理方式，即允许企业同时申报本月的应纳税和应退税情况。企业货物出口后向税务部门申请办理退税时，要提供货物购进发票、货物出口报关单等，供税务、海关等部门通过计算机进行审核和稽查。

此外，新西兰税务部门根据企业的纳税情况进行税务风险评级，尤其重点关注出口贸易额多、申报退税额较大的出口企业。每年会通过计算机选案的办法定期对企业进行稽查，稽查的追溯期为 4 年。对发现的骗税行为，给予若干倍的罚款，严重的要追究其刑事责任。

3.4 国内外出口退税政策的比较与借鉴

3.4.1 我国出口退税政策多元目标的形成

在市场经济活动中对出口企业实施退税，是出口国政府鼓励本土企业提升自身竞争力、真正走出去的一项重要举措，是政府扮演的不可或缺的重要角色。出口退税政策可以说既是一种财政政策，也是一种贸易政策。总体目标是通过有扶有控的政策手段，促进外贸结构优化和产业健康发展。我国对出口退税政策从实施开始就不间断地进行调整，担负的目标越来越多元化。

我国的出口退税制度从 20 世纪 50 年代初开始，经历 1957 年废止、1966 年再实施、1973 年再废止的波折，即计划经济时期出口退税的实施时断时续。当时出口退税的政策目标是扩大出口、解决外汇资金短缺。1985 年，国务院批转《财政部关于对进出口产品征、退产品税或增值税的规定》，标志着我国出口退税制度重新确立。1994年，伴随着我国税收制度的重大改革，普遍实施增值税，出口退税实行中性原则，"征多少，退多少"，"应退尽退"，退税完全由中央财政负担。这一时期出口退税政策的目标仍然着重于"鼓励出口促进创汇"，极大地推动了我国对外贸易的发展。虽然我国对外贸易环境得到了改善，但是仍然存在片面追求发展速度和规模的倾向，国家提出贸易增长方式要由数量速度型向质量效益型转变。同时，伴随着我国劳动力成本的持续上升，要在巩固传统优势基础上，尽快形成国际竞争新优势，需要政策适时引导。2004年，我国出口退税的政策目标开始转变为结构性差别退税的"非中性原则"。表现为出口退税率从统一调整变为差异化调整，出口退税负担制度由原先中央财政全部负担，改为中央与地方按比例分担，政策目标转变为提高效率、优化结构。政策的调整将进一步淘汰生产效率低下、规模小且产品附加值低的企业，鼓励高附加值、高技术含量的产品和行业发展，有利于促进行业的结构性调整及优化整合。2008年爆发美国次贷危机，为保障经济增长和就业，我国多次上调出口退税率，促进出口产品结构升级和优化。

但是出口退税率高，退税额增多，带来财政负担加重引发退税积欠，出口贸易增长顺差加大，引致各类反补贴、反倾销调查的贸易摩擦增多和外汇巨额占款等一系列问题。从2005年起，外贸顺差持续大幅增长，不仅使贸易摩擦加剧，而且加剧国内流动性剩余和人民币升值压力。WTO组织的许多成员国对中国发起多类性质的贸易救济调查案件。目前，中国仍是国际上贸易救济设限的首要目标国。因此，我国的出口退税政策又增加了缓解和减少贸易摩擦、减轻财政负担的目标。

作为我国税收法律体系一部分，从法律调整的社会关系领域来看，出口退税政策制定的目标可以分为经济目标、社会目标和资源环境目标等多角度。首先，出口退税作为一项经济政策，服务于国家的宏观经济发展目标，有着十分明显的战略导向，随着国家战略布局和经济重心的调整而不断改变。我国出口总额和出口退税额增长率始终围绕一个基准上下波动，除去滞后因素，基本保持较稳定的一致增长。其次，出口退税政策的调整也多次涉及对劳动密集型产业或产品出口退税率的调整。

劳动密集型产业的产业链条较长、涉及人员众多，调整出口退税扶持劳动密集型中小企业的发展，有利于改善失业扩大就业，实现稳定社会发展的目标。最后，随着经济发展所带来的能源消耗增加、环境污染严重等资源约束的加剧，出口退税政策的调整目的又包含了抑制高能耗、高污染、资源性（"两高一资"）产品的出口，鼓励高新技术产品出口，保护资源环境目标等内容。

有别于企业追求利润最大化的单一目标，我国的出口退税政策具有多重功能和多元目标。综上所述，我国出口退税政策在不同的历史时期，逐渐被赋予促进贸易发展、提高国际竞争力、调整产业结构、减少贸易摩擦、减轻财政负担等多种功能，还有与汇率政策相互补充的调节手段。

我国出口退税政策的具体目标可以归纳为以下四点。

一是贸易目标。扩大产品出口，提高国际竞争力，促进出口贸易的发展，减少贸易摩擦；出口退税以贸易目标为首选目标，旨在通过对我国出口的产品实行出口退税，保证出口产品能够以不含税的价格或含较低税的价格进入国际市场，增强产品的竞争力，促进我国对外出口贸易的快速发展。

二是产业结构目标。盲目出口、低附加值出口的现象造成我国贸易的负效应，为解决这个问题，通过差别退税率，优化出口产品结构，实现产业结构的优化和升级。

三是财政目标。我国是发展中国家，财政收入以流转税为主，出口退税冲减税收收入，退税率高低即出口退税规模对国家财政收支规模影响较大。为减轻财政负担，退税率的调整是出口退税政策的重点。

四是汇率或货币政策目标。汇率通过影响出口商品价格影响国际贸易，进而影响国家经济发展。调节出口退税率，有助于减轻人民币升值的压力，保持国家汇率稳定。

出口退税政策的多元目标相互影响，相互作用，内在关系分析如下。

首先，促进贸易发展和调整产业结构是多元目标的核心。例如，1985～2004年，我国市场经济开始逐步建立，发展经济是第一要务，出口退税政策主要是围绕促进出口贸易增长的目标制定的。在1998～2008年两次金融危机期间，还有进入21世纪以来的历次出口退税率调高、降低或取消等运用更趋多样化，我国出口退税目标更多涉及产业结构的调整。其次，应对贸易摩擦是多元目标中的次要政策目标。保证产业结构调整主导目标的实施，下调退税缓和国家间的摩擦；促进出口贸易增长目标的实施，上调退税保护国内产业的发展。最后，出口退税作为汇率的补充调节手段，协调贸易增长与汇率稳定的双重目标。

出口退税政策实施涉及的政策目标越多，矛盾与冲突就会越多。相互矛盾主要表现在：调整产业结构与促进贸易发展、相机抉择与应对贸易摩擦、政府宏观调控与企业微观决策之间的矛盾。

3.4.2 我国出口退税政策制定存在的问题

1. 出口退税政策的立法保障不足，法律内容不规范，缺乏适度的灵活性

自出口退税政策实施30多年来，相关制度在不断完善，但我国至今仍然没有出台一套较为规范的专门性法律法规。目前，日常的出口退税运行和管理最为基本的依据只有国务院颁布的《中华人民共和国增值税暂行条例》《中华人民共和国消费税暂行条例》、国家税务总局印发的《出口货物退（免）税管理办法》等。出口退税依据的这些规范性文件绝大多数是由财政部、国家税务总局单独或者联合其他相关部门制定的，还属于部门规章，缺失法律的严肃性，不符合《中华人民共和国立法法》的制定规则。出口退税政策缺乏强有力的立法保障，造成了我国具体的退税工作无法可依的局面。这些规范性文件虽然涵盖了出口退税制度的税基、税率、退税范围、征管等方面，但仍然不够全面。因此，加强出口退税的法制建设刻不容缓。

2. 出口退税政策的目标过多，政策变化过于频繁，缺乏相对稳定性

我国从1985年开始实施出口退税政策起，政策调整就不曾间断。可以说是我国内容变化最多、调整最为频繁的税收政策。如前面所述，就政策的整个历史沿革过程来看，出口退税的税种、产品和企业范围，退税率的标准，各级财政的退税负担机制，出口企业申报退税提供的资料和流程等，均有诸多变化。自1994年以来我国的平均退税率在不断发生变化，出口退税政策逐渐扛起多元化的目标。多元目标虽然能让政策在多个领域发挥效用，但也让政策效用打了折扣，对国家、企业和税务部门都有不利影响。

3. 中央与地方分担机制不合理，地区间的出口退税负担不平衡

中央与地方的出口退税分担机制在不断发生变化，会给地方财政带来很大的困扰。由于增值税征退地点不一致，征税、退税地域分离，征退机构分离，易造成地区间的退税负担不平衡。

3.4.3 其他国家出口退税政策的比较

出口退税政策是各国通用的促进国际贸易的重要手段，贸易发达国家的出口退税制度不论在政策机制还是具体的实际操作上表现各异（见表3-9），但都能将国际认可的模式与本国的国情有机结合起来。尤其是西方发达国家，增值税制度和出口退税制度实施的较早，都有许多成功的出口退税经验值得我国借鉴。在退税范围选择上，发达国家普遍对所有商品或劳务的出口在政策上一视同仁，制度上实行"无差别待遇"。例如，英国规定，凡向欧盟以外的客户和向欧盟其他成员国出口货物或劳务，都可享受到零税率待遇。退税的模式依据出口业务的不同大致分为先征后退法、免税采购法及免抵退税法三种方法。许多国家实行出口征退税一体化，一般都是作为增值税的常规管理，不单独设置出口退税的管理机构，征税机构同时也负责退税事务，这就减少了审核环节，使出口退税的运作及时、高效、可控，避免长期挤占纳税人资金，有利于提高办事效率。并且发达国家多数都建立税务、海关等相关机构联网的信息系统，能够有效将企业出口信息、计算机审核、案件审查等关联起来进行稽查，从而可以大大减少纳税人出口偷税骗税情况的发生。

表3-9 部分贸易发达国家出口退税政策比较一览

要素	法国	意大利	英国	日本	韩国	泰国	新西兰
退税对象	生产商、专业出口公司、代理公司、外国旅客和外国商在本国境内的直接采购	同法国	各类出口商品及劳务和进入境内采购商品的外国人	各类商品和劳务出口	制造商自营、委托出口,出口商买断出口	制造商、中间商代理、中间商采购出口	贸易公司和生产企业出口货物
退税率	征税率	征税率	征税率	征税率	征税率	零税率	零税率
退税模式	免税购进为主,免抵退为辅	免抵退	出口企业实行免抵退,专业出口公司实行"免税采购"	免税购进	免抵退	当期办理现金退税或结转下期继续抵扣	分类型全部退还进项和销项税
审核保障	风险分析表	财政部、海关、财政警察和税务监察联合检查	风险评估系统;自行申报和海关重点稽查相结合	出口许可证书	纳入增值税常规管理	提交纳税申报表、计算机联网信息处理	人工和计算机审核相结合,定期稽查
退税保证	滞退金制度	滞退金制度	滞退金制度	无	滞退金制度	无	无

资料来源:笔者根据相关资料整理。

3.4.4　国外出口退税政策的借鉴

分析其他国家出口退税政策的共同点，总结发达国家出口退税的经验，在我国出口退税制度建设和完善过程中可以得到如下借鉴。

1. 建立规范的增值税制度

各国出口退税制度的选择是由其流转税制的特性所决定的。在世界比较多的国家实行增值税的情况下，出口退税制度与增值税制度密切相关。一个规范的增值税制度，有利于出口退税政策及时、有效的实施。许多国家的增值税制度保持中性原则，税率档次少，没有太多的优惠政策，抵扣链条较为顺畅，能够有效堵塞税收征管的漏洞，保证增值税款的足额征收，为出口退税提供充足的资金来源。大部分国家退税率按征收率执行，对出口商品按零税率退税。另外，各国出口退税程序也都比较简单，出口商或外国旅游者申请退税所需的单证也都较少，这都依赖于增值税制度的规范和稳定。相比较而言我国增值税制度由于税收优惠多等原因，长期以来退税率与征收率不一致，未能做到应退尽退，一定程度上降低了出口企业的出口竞争力。2016年由于全面实施"营改增"增加了税率档次，这几年受世界经济下行影响给企业减税降负，税率和出口退税率又处在不断调整变化之中。另外，增值税至今还没有完成相应的立法，总体表现为还不够规范和稳定。

2. 宽泛的出口退税对象和范围

上述国家基本上都对出口退税的对象和范围没有过多限制，包括出口退税的主体资格、退税的商品和劳务范围、退税的税种范围等。退税主体包括生产商、专业外贸公司、代理商、外国采购商以及外国旅游者等，享受出口退税者的资格条件从宽界定，基本实行"无差别待遇"。大部分国家对所有的商品和劳务都可以享受出口退税，退税范围均十分宽泛。部分发展中国家主要局限于对货物出口给予退税。从退税的税种范围来看，不限于增值税，韩国还包括特别消费税、关税等。宽泛的退税对象和范围有利于促进一国出口贸易的快速发展。

3. 出口退税主要采用免、抵、退税的方式

对出口货物免、抵、退税是许多实行增值税国家主要采用的出口退税方式。例如，法国采用先免后抵再退和全额免税购买两种方式；意大利采用"免、抵、退"税和限额"免、抵、退"税的方式。在"免、抵、退"税方式下，出口企业能够得到彻底、及时的退税，有利于减少企业资金的占用，提高企业的流动性和出口的积极性。

4. 实现征退税一体化管理

上述各国无论采取何种出口退税方式，都能较好地与本国税收制度设计相关联。从征收管理的角度来看，出口退税基本上都被纳入本国增值税的日常管理中，实行征退一体化管理。涉税各部门之间也是分工合作、相互联动、相互制约，构建一个严密的征退及监控体系，能够有效地减少出口骗税行为的发生，又能缩短出口退税周期，提高出口退税管理效率。我国构建完善的出口退税制度体系，应该借鉴国外先进经验尝试建立一种全新的征管模式。

5. 建立高效的信息联网和监控，严厉打击出口骗税和偷逃税

在互联网技术与信息高度发展的今天，高效的出口退税管理和监控要建立在掌握真实信息及流向上。利用大数据、互联网技术、区块链技术等重要手段掌控信息、传递信息，加强征管。出口退税管理有效的国家都充分利用了先进的计算机网络系统，让税务机关与海关、银行、外汇管理局等外部机构之间做到信息共享，协同管理。通过现代化的信息网络对出口货物进行全程追踪和高效监控，强化出口退税的监督和稽核管理。借鉴发达国家先进的管理经验，应加快我国税收管理信息化的规划和建设，努力实现对出口退税的全面监督和制约。

在加快增值税立法，加强税务与其他部门协调配合、完善税收征管的同时，要加强对纳税人的税法普及和教育，提高纳税人税收遵从度；加强对出口行为事先、事中及事后的管理和监督；完善法律法规，加大对出口骗税和偷逃税的企业和责任人审查与惩罚的力度，大幅度提升不法分子的违法成本。

总之，在我国目前外贸出口仍然是我国国民经济重要增长动力的前提下，很有必要借鉴国际先进经验，明确各部门的责任权限，加快增值税的立法建设，运用先进的管理手段，建立科学、高效、完善的出口退税运行机制。

第 4 章

我国出口退税政策实施的
成本及效益分析

不同于一般的财政政策,出口退税的涉及面与影响力非常广泛,不仅影响国内企业的生产和对外出口贸易,而且在财政收支、就业稳定、产业政策、环境保护等宏观层面上也发挥着重要作用。2016 年我国出口退税总额 12 154.5 亿元,占当年一般公共支出 6.47%,涉及纺织、化工、钢铁等多类行业[①]。这一举足轻重的制度究竟发挥了怎样的作用?带来多大的福利改进?本书将在综述以往研究成果的基础上,对出口退税的成本和效益进行系统地理论分析,并进行实证检验和评估,以期为政策制定者和理论研究者提供借鉴和思考。

4.1 出口退税政策的成本分析

任何政策的实施都需要消耗一定的成本,出口退税政策在带来诸多经济效益的同时也潜藏了不少成本,既包括直接成本也包括间接成本,既有显性成本也有隐性成本。本书将主要从经济、政治和社会 3 个方面展开其政策成本分析,并以经济成本分析为主。

---

① 根据财政部 2016 年财政收支报告计算。

第 4 章
我国出口退税政策实施的成本及效益分析

4.1.1 出口退税的经济成本

出口退税的经济成本可分为直接成本和间接成本。直接成本是指支付的各项退税款;间接成本指在实施出口退税过程中为保证退税活动的顺利进行而发生的相关费用和支出,包括税务机关的退税征管成本、出口企业的退税获取成本等(万莹,2007)。

1. 出口退税的直接成本是减少财政收入或增加财政支出

长期以来,我国的出口退税由国家财政负担,纳入政府的预算管理,表现为财政收入的减少,属于税式支出。1985 年出口退税额是 17.95 亿元,2000 年是 810 亿元。2001 年以前,出口退税规模增长缓慢,在几百亿的规模徘徊。之后开始快速增长,从 2001 年的 1 071.5 亿元急剧增至 2017 年的 12 154 亿元(见图 4-1),年均复合增长率近 20%,占财政支出的比重也由 3%~5% 增长至 7%~8%,最高时期的占比高达 10% 以上,成为影响财政收支最重要的项目。

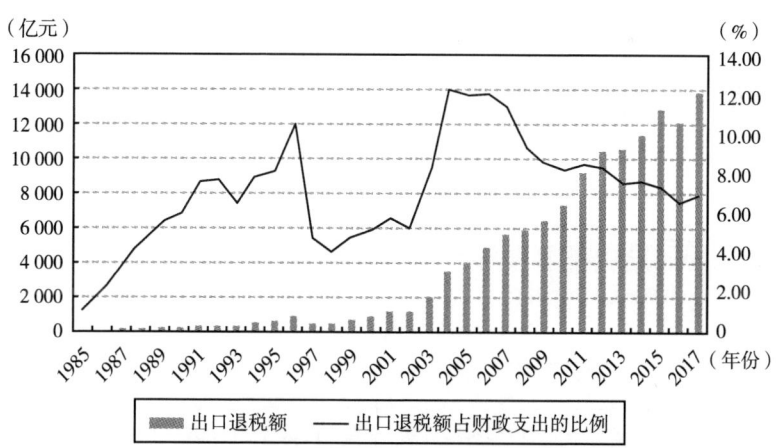

图 4-1 1985~2017 年我国出口退税额及占财政支出的比例
资料来源:根据相关年份《中国统计年鉴》《中国税务统计年鉴》数据整理。

2. 退税管理成本

我国在出口退税制度、流程以及各机构的运作机制等方面存在的缺陷或漏洞带来了额外的管理成本和行为扭曲，尤其是与国外相比，这一问题比较明显。

一是出口骗税成本。国际上，许多国家退税运作机制实行征退一体化，将退税的金额限定在较小范围内，有利于抑制出口骗税的利益驱动。在我国，由于管理制度存在漏洞，骗税等不法行为时有发生，甚至催生了职业骗税团伙，骗税数额巨大，给国家财政造成巨额损失。

二是管理机构成本。国际上，大部分国家征税与退税均为常规管理，基本不另设专门的出口退税机构。德国尽管专设了出口退税机构，但其实际运作中始终保持与其他部门的密切配合，让征税退税的过程紧密衔接，快速退税实现出口零税率，仍然体现了征退一体化。我国则存在征税与退税管理机构脱节的问题，退税机构单设，征退相分离，征税和退税申报要求不一，征退机构信息传递不畅，难以有效地监控和核实出口企业缴税和申报退税的情况，既存在着企业骗税也存在着退税效率低下等一系列问题。

三是退税操作成本。国际上实行增值税的 51 个主要国家中，有 31 个国家实行"免、抵、退"税方式，采用"免、退"（先征后退）税方式的一般限于较小范围[①]。目前，我国的出口退税虽然也采用这两种计算方法，但以后者为主。这是因为我国外贸出口中的一半份额是由外贸企业出口的，对它们仍实行"免、退"税办法（见表 4-1）。由于外贸企业较多的收购出口，生产地与出口地分属异地，征退脱节，操作成本高，不仅退税效率低下，还容易出现管理漏洞，发生骗税行为。

表 4-1　　　　　　　　国内外出口退税管理成本比较

类别	国际	我国
出口骗税成本	征退一体化，抑制骗税驱动	退税链条长，存在制度漏洞，骗税情况较多
管理机构成本	通常不设专门机构	征、退机构脱节，部门沟通不畅，申报和审批管理不便
退税操作成本	"免、抵、退"为主	"免、退"税为主，手续烦琐，效率较低

---

① 朱剑峰. 出口退税制度的国际比较及启示 [J]. 福建金融，2015（1）：42-44.

第4章 我国出口退税政策实施的成本及效益分析

3. 退税效率损失

由于商品出口和资金回笼之间具有较长的滞后期,出口退税及时到账有助于改善出口企业的现金流,加快资金周转,减少流动性融资需求。国际上,发达国家普遍建立了"滞退金"制度,保证退税及时。所谓"滞退金",是指当政府退税部门因自身原因没有及时退税,就应该向应退税企业支付利息作为补偿。我国则普遍存在退税机制效率低下、退税不及时等问题。首先,为获得出口退税优惠,企业需要准备报关单、核销单、发票等大量的单证;其次,还需要经过财政、税务、海关、外管局等多部门的审批,退税过程缓慢。在多数地区,从预申报到最终审批到账,一般要2~3个月时间。另外,由于财政负担问题还存在退税款拖欠问题。退税周期过长会增加企业资金周转的压力,从而影响出口退税的激励效应,给企业造成额外的经营成本,降低了政策的实施效果。

4. 制度不稳定成本

目前,国际上实行增值税的国家增值税的征收率普遍档次较少,退税率也较为单一且与征收率基本一致,退税率变动也较少。还有些国家实行直接出口零税率,如德国、法国、韩国等,均较好地促进了外贸发展。但我国很长一段时期增值税的税率档次都较多,最多时有17%、13%、11%、6%和3%等档次[①],出口退税率则有17%、15%、14%、13%、11%、9%、8%、6%、5%、3%等多档(见图4-2),总体上退税率低于征税率,并且随着国家外贸政策和产业政策的目标变化,变动也较为频繁。例如,在面临外部危机、出口形势不利时,出口退税会惯性地作为国家促外贸、保出口的重要政策工具。例如,为了应对亚洲金融危机,1998年将出口退税率提高到17%、15%、13%和5%等;为了应对2008年金融

[①] 2017年4月28日,《财政部、国家税务总局关于简并增值税税率有关政策的通知》要求,自7月1日取消13%低税率;2018年4月4日,《财政部、国家税务总局关于调整增值税税率的通知》要求,将纳税人原适用17%和11%税率的,分别调整为16%和10%;2019年3月20日,《财政部国家税务总局海关总署关于深化增值税改革有关政策的公告》要求,自4月1日,将纳税人原适用16%和10%税率的,分别调整为13%和9%。

危机，于 2008~2009 年先后 7 次上调出口退税率，综合退税率从 9.8% 提高到逾 13.5%。随着出口形势好转，出口退税率又会逐渐降低。有时出口退税率的调整是为了调整产品结构和产业结构的目标。如 1995~1996 年为减轻财政支出的压力，退税率分行业下调为 3%、6% 和 9% 三档。这种频繁的出口退税率调整，虽然有助于实现促进外贸出口、调整出口产品结构的政策意图，但也违背了增值税的中性本质，不利于纳税人形成稳定的税负预期，会影响企业经营决策，对出口企业的生产经营具有较明显的不利影响。此外，我国的出口退税方式、退税范围等政策也处于频繁的调整中，都影响税务机关的退税操作和出口企业退税申报的效率。

| 1985~1994年出口退税制度逐步建立，退税率为11%、13%、17% | 1995~1996年为减轻财政支出压力，退税率分行业下调为3%、6%和9%三档 | 1998~1999年为应对亚洲金融危机，提高部分产品出口退税率，5%、13%、15%、17%四档 | 2004~2007年为应对贸易顺差和优化结构，退税率下调为5%、8%、11%、13%、17%五档 | 2008~2009年为应对全球金融危机，退税率提高为5%、9%、11%、13%、14%、17%六档 | 2010~2015年为应对贸易顺差和优化结构，逐步下调 | 2018年为应对中美贸易摩擦，退税率提高 |

图 4-2 我国出口退税政策的历次重大调整

资料来源：根据相关年份我国财税政策整理归纳。

5. 企业创新和经营效率损失

欧美国家实行出口退税的商品多为高附加值商品，我国则正好相反，出口商品结构长期集中于低附加值、劳动密集型商品和行业中。轻纺产品、橡胶制品、矿冶产品、服装纺织等劳动密集型的产品出口超过 60%，总体结构水平较低。一些研究认为出口退税不但没有提高企业的出口竞争力反而具有侵蚀作用。原因是出口退税使一些企业满足于政策优惠带来的利润空间，满足于低效率和低附加值的经营现状，缺乏研发、创新和升级换代的动力，忽视企业经营效率的改善，在这个意义上可以认为出口退税干扰了市场优胜劣汰机制的运行效率。朱宇（2007）认为，通过出口退税来提高产品附加值或增强企业竞争力代价十分巨大。

4.1.2 出口退税的政治成本

出口退税政策不仅影响进口国、出口国,还对退税产品的其他出口国国内各级政府、利益集团带来普遍影响,由于其影响的性质和程度存在异质性,因此利益的不均衡可能导致其经济行为产生扭曲,从而对整体效益带来效率损失或负面影响。

1. 进出口国家之间的贸易摩擦成本

出口退税作为一项重要的贸易保护政策,备受国际社会关注。一国的出口退税率发生变化,尤其是贸易强国,可能引发相关产品国际均衡价格变动,进而影响其他竞争国的出口量、就业水平等。较高的出口退税率会对竞争国的出口带来挤出效应,容易被视为敌对的贸易政策,引发争端甚至遭到反倾销、反补贴等贸易抵制和报复,有损各国福利(见表4-2)。向洪金和赖明勇(2010)通过GSIM模型的分析,认为出口退税政策能通过价格机制对有关国家的生产、进出口贸易及社会福利带来影响。我国的出口退税实施多年以来,虽然有力促进了我国外贸出口的增长,但庞大的贸易顺差也引发了与贸易伙伴之间的摩擦和争端,甚至多次遭受到进口国的调查和制裁。不过,出口退税的最终效应取决于出口国的退税政策是否影响该产品的国际价格,如果不影响产品价格,则可以适当实施出口退税,促进出口增长;如果影响产品价格,则应综合考虑财政成本、生产者剩余损失等权衡利弊。

表4-2　　　　2006~2017年美国和欧盟对华贸易制裁一览

国家/地区	年份	制裁内容	制裁标准或额度	来源
美国	2006	对从中国进口的格纸制品征收反倾销税,产品包括文具纸如笔记本、活页纸、作文本	税率52.10%~258.21%	新浪财经
	2007	(1)3月底,对中国进口铜版纸征收反补贴税; (2)5月30日,美国商务部宣布对从中国进口的铜版纸开征反倾销税	(1)反补贴税税率10.9%~20.35%; (2)反倾销税税率最高达99.65%	中国网

续表

国家/地区	年份	制裁内容	制裁标准或额度	来源
美国	2009	9月，单方面采取特保措施，对中国出口的乘用车与轻型卡车轮胎连续三年征收惩罚性关税	连续三年惩罚性关税，分别征收35%、30%、25%	深圳商报社
	2010	（1）对大连益丰金属及大连宜丰仓储的产品征收初步反倾销关税；（2）针对丹东日牵物流装备、大连保税区宇洋贸易和宁波市新光货架的初步反倾销关税；（3）对大连华美龙金属制品征收初步反倾销关税；（4）除此之外的其他中国制造商或出口商课以初步关税	（1）初步反倾销关税：42.61%；（2）初步反倾销关税：46.78%；（3）初步税：50.95%；（4）初步关税：28.90%	新华网
	2013	4月30日，美国商务部认定中国向美国出口硬木和装饰用胶合板存在倾销行为，倾销幅度为0.62%~63.96%。因此，拟对101家此类产品的中国企业征收反倾销税	反倾销税税率22.14%	国际金融报
	2014	（1）对部分中国制造的电池板征收初步反倾销税，尤其是对中国台湾制造的电池；（2）对中国制造商制造的太阳能电池板组件实施初步反补贴税	（1）反倾销税率最高达165%。如台湾昱晶27.59%、台湾茂44.18%，剩余台湾公司为35.89%；（2）初步反补贴税率35%	PV-Tech：John Parnell
	2015	6月12日，美国商务部终裁中国产轮胎存在倾销和补贴行为，相关中国厂商将被征收反倾销税和反补贴税	反倾销税税率14.35%~87.99%；反补贴税税率20.73%~100.77%	北京商报讯
	2016	7月25日，美国商务部和美国国际贸易委员会对原产于或进口自印度、意大利、中国、韩国耐腐蚀钢板发布反倾销征税令	向相关产品生产和出口商征收现金保证金	云掌财经
欧盟	2006	由于康佳公司不愿接受欧盟的现场认证调查，违反了2002年达成的相关承诺，欧盟从3月31日起对中国7家彩电企业恢复征收反倾销税	反倾销税率44.6%	《电器》，2006(4)：12-12
	2009	对产自中国的无缝钢管和铝箔征收为期5年的正式反倾销税	税率分别为39.2%和30%	张碧弘《资源再生》2009(9)：4-4
	2011	从9月15日起到对中国瓷砖加征惩罚性关税，为期5年	惩罚性关税69.7%	新浪财经
	2017	（1）6月上旬，裁定对进口中国的热轧卷板征收惩罚性关税，理由是"中国一些企业通过从国有银行的优惠贷款、抵税、使用工业用地等方式获得不公平补贴"；（2）8月，提高针对中国不锈钢的关税	（1）热轧卷板惩罚性关税35.9%；（2）不锈钢关税税率最高达28.5%	华尔街见闻

2. 中央和地方政府之间的博弈成本

自实施出口退税制度以来,由于税收负担和受益主体不平衡问题,国家多次调整中央与地方的退税成本分担比例。具体而言,2004 年以前,出口退税由中央政府全部承担,但随着出口规模快速增长,中央财政负担大为增加,出口退税机制的运行效率也受到影响。为此,从 2004 年开始,出口退税成本改为由中央财政和地方财政共同负担,分担比例为 75:25。由于实施效果不理想,2005 年这一比例重新调整为 92.5:7.5。在实施过程中,由于各省之间的税收收入和退税负担不匹配,部分出口大省的出口退税负担远远高于其他地区,进而导致其发展出口的积极性不高甚至出现抑制出口等问题,抵消了出口退税政策的实施效果。因此,2015 年 2 月 16 日,国务院印发《完善出口退税负担机制有关问题的通知》,规定从 2015 年起,出口退税全部由中央财政负担。

退税成本分担机制关系中央和地方政府的财政负担,由于退税的收益主要为地方政府享有,因此退税成本由谁承担成为关键因素。在不同的分担机制下,中央和地方政府之间的激励和博弈行为也有所差异。在中央承担退税成本的情况下,地方政府则有很强的激励推动出口规模超过均衡水平,从而导致中央和地方财政成本收益的结构性失衡,造成经济效率损失。但在地方政府承担退税成本的情况下,出口规模增长导致财政支出增加,地方政府需要在成本与收益之间寻找平衡,控制出口规模。例如,吕凯波(2016)认为,出口退税分担机制降低了地方政府发展出口贸易的积极性;綦建红和王平(2006)指出,2004 年的出口退税成本分担机制调整,就引发了对地方政府招商引资的挤出效应。主要原因在于地方招商引资越多,其出口额越多,出口退税的财政成本越高,出于财政负担的顾虑,地方政府可能会减少引资规模。此外,退税成本的承担机制还会影响地方政府对出口退税管理的积极性。在退税成本由中央财政负担的情况下,地方政府的管理效率可能会下降。

3. 各地方政府之间的博弈成本

如前面所述,退税成本的分担机制还会引起地方政府之间的博弈。由于增值税是按生产地原则征收的，而出口退税则由外贸企业所在地承担，因此造成出口省份和生产省份之间的税收输出问题，沿海出口省份的出口退税成本高于增值税收入，税收收入和退税责任的不对等影响了发展出口的积极性（朱波等，2005）。与我国外贸出口的格局相关联，我国出口退税的地区间分布也极不平衡，主要的出口退税都是由广东、上海、江苏、浙江、山东、福建等东部沿海省市来实施的。2015年之前，在地方政府分担退税成本的机制下，东部出口大省承担了大量的退税成本，从而引发其逆向选择行为。例如，刘怡等（2017）认为，在出口退税负担机制下，由于地方财政负担加重，导致地方政府有抑制出口量的激励，退税负担越高的省份其出口下降程度越大。上述博弈虽然有益于单个地方政府的利益，但从国家整体而言则造成了效益损失。不过，从2015年开始，出口退税成本全部由中央承担，这一问题得到改善。

4. 政企博弈成本

一是地方政府转嫁给企业的隐性成本。尽管出口退税的政策初衷是减轻企业税负，但实际执行过程中则不一定能达到政策预期效果。比如在出口退税分担机制下，由于地方政府财政负担加大，因此具有向企业转嫁税负的动机，造成企业税收负担加大的问题。二是企业与政府关联成本。由于出口退税额是作为税收收入的减项根据入库税收额来确定的，因此通常会根据预计税收入库额设置年度退税指标。随着出口规模的快速增长，会使出口退税指标的增加远远跟不上退税需求的增长。当企业通过正常途径难以及时、足额获得退税款时，就可能出现贿赂税务人员等腐败问题。一些研究认为出口退税并不是一个中性的政策，基于政治联系的退税政策会扭曲这个社会稀缺资源的有效配置，降低社会整体福利水平。例如，韩剑和陈艳（2016）的实证研究表明政治联系越强的企业其出口退税率越高。

4.1.3 出口退税的社会成本

1. 影响社会总福利

出口退税能够对社会福利总体水平及其结构产生影响。提高出口退税率虽然能带来成本和竞争优势刺激企业扩大生产，提高生产者剩余，促进经济增长，但至少在短期内会对社会福利总体水平及其结构带来一定的负面影响。一是出口退税的补贴效应导致该产品的内销量减少，变相提高在国内市场的价格，外贱内贵问题导致消费者剩余减少。从巨额的政策成本中受益的是国外的企业和消费者，而非国内企业和消费者。二是出口退税支出增加。三是出口退税使我国出口商品在国外市场的售价过低，压缩企业利润，一旦政策取消那么企业的正常生产经营将受到影响，难以建立持久的竞争力（赵君丽和张琦，2013）。赵齐秋等（2001）认为，对进口中间投入品的出口退税会带来失业率的提高、税收下降和消费者剩余减少，从而降低本国的社会福利水平。向洪金和赖明勇（2010）以纺织品行业为例，认为出口退税率提高会提高出口商品的生产、出口总量以及生产者福利，但却会使其内销量减少以及消费者的福利受损，从而降低我国社会总福利水平。

如图 4-3 所示，出口退税引发了生产者剩余和消费者剩余的变动，其实质是社会收入以出口退税的方式从消费者手中转移到生产者手中，财政转移造成收入再分配改变，并引发生产和消费行为的扭曲。出口企业可能

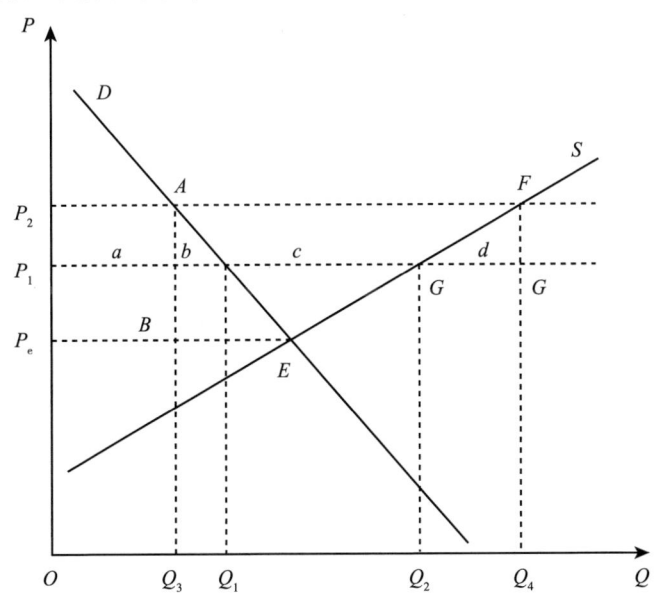

图 4-3 出口退税对生产者剩余和消费者剩余的影响

为了获得更有利的退税政策而去游说政府，进一步加剧社会福利的扭曲（马捷和李飞，2008）。

2. 环境和资源成本

我国的外贸出口很大一部分是加工贸易以及低端制造业，其中很多是高污染、高能耗、资源消耗型行业。改革开放初期对低端产品的出口退税激励，一度造成较高的环境和资源负面效应，近年来这一状况逐渐改观，但出口产品结构升级并不理想，仍需要通过政策调控来促进结构优化，抑制"高耗能、高污染、资源性"产品的出口。

3. 误导资源配置

在正常的市场环境中，企业根据市场价格的走势、波动相机调节产品生产和经营活动，由于出口退税率的高低影响企业的税收成本、产品定价以及税后利润，因而也会通过价格机制影响企业的生产规模乃至社会经济资源的流动和配置。钱学锋等（2015）认为，出口退税政策在造成出口企业退税依赖的同时，也造成了经济资源在出口部门内部以及出口部门和非出口部门之间的错误配置。许家云等（2016）认为，出口退税在促进出口方面发挥了重要作用，但其非市场性，即企业间出口退税率的差异化也导致了对资源配置的消极影响。

4. 政策冲突成本

我国的出口退税政策承担着多元化政策目标，而这些目标之间常常存在矛盾，在实践中，出口退税这个政策工具往往只能实现部分政策目标。同时，根据丁伯根法则（Tinbergen's Rule），出口退税政策的作用机制还可能与其他政策出现不协调的问题，抵消其他宏观调控政策的实施效果。以汇率政策为例，在出口退税率较高的时期，"MADE IN CHINA"的商品甚至以低于成本的价格出口，导致了贸易顺差剧增，不仅容易引发贸易摩擦，而且在现行的货币发行制度下，贸易顺差还会被动加大国内基础货币的投放，最终造成一定程度的通货膨胀，进一步使退税商品国内实际价格高于国外价格。周琢和陈钧浩（2016）认为，出口退税效果更多体现为补贴国外消费者，促成企业出口大量廉价产品，加大贸易顺差规模，形成新的贸易争端。刘忠等（2016）以服装行业为样本，认为即使采用差异化的退税政策也不能同时实现稳定出口量和就业以及优化产业结构两个目标。

4.2 出口退税政策的效益分析

我国从1985年开始正式实施出口退税政策，作为国家的一项经常性政策工具，在不同的阶段，出口退税被赋予不同的政策目标。改革开放初期实施这一政策的主要目的是刺激出口，增加外汇储备。随着国际贸易环境的变化、我国对外贸易顺差的快速增加、国家外汇储备实力增强，出口退税的目的逐渐演变为控制贸易平衡、促进产业结构调整和升级、增加就业、减少环境污染等多元化政策目标（裴长洪，2008；刘忠等，2016）。具体而言，出口退税不仅具有扩大出口、促进就业等直接效益，而且还会通过刺激消费和投资对国民收入及优化产业结构起到间接促进作用。此外，出口退税还有助于实现产业集聚效应和规模经济、深化国际分工、提高技术水平、加速技术外溢和扩散（万莹，2007），从总体上提升行业和产品的竞争力，以及国家的经济增长水平。本书将在理论分析的基础上，通过实证检验，评价出口退税的政策效益。

4.2.1 出口退税的经济效益

理论上，出口退税政策具有促进出口、带动投资和消费，并进一步通过乘数效应拉动GDP增长的积极作用，具体作用机制如图4-4所示。

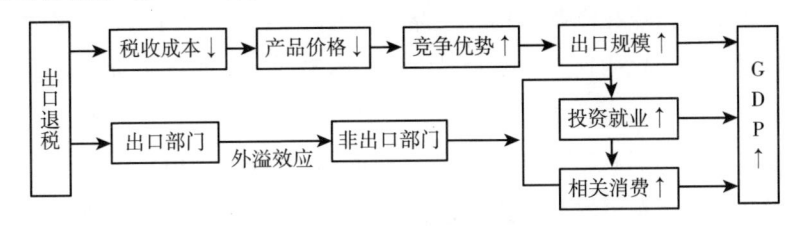

图4-4 出口退税促进经济增长的机制

1. 扩大出口规模

出口退税最直接的效应就是通过价格机制影响出口量，即通过减少生产和流通环节的税收成本来降低出口产品的价格，使其在国际市场上具有竞争优势，进而促进产品出口总量增长（马捷，2002），其原理与补贴类似。在理论研究方面，赵齐秋等（2001）、陈建勋等（2005）、马捷和李飞（2008）、向洪金和赖明勇（2010）等分别利用一般均衡模型、古诺竞争模型、寡占竞争模型、全球模拟模型等论证了出口退税对外贸出口的促进作用，此外还有产出效应和社会福利效应。而且，与其他政策相比，出口退税的突出优势在于灵活、直接、见效快，在影响出口的各项税收政策中，出口退税最具代表性，影响也最大。这也是每当出口面临困难时，出口退税往往被作为首要政策工具的重要原因。王根蓓（2006）认为，对企业出口量的影响而言，出口退税政策要优于国内税收与汇率政策。谢建国和陈莉莉（2008）认为出口增值税退还的效果优于出口关税退还。

以上观点也得到了众多实证检验的支持，如陈建勋等（2005）、王世嵩和周勤（2009）等均发现出口退税整体上促进了出口规模的增长。其中，刘穷志（2005）基于1985~2001年的数据，认为短期内我国出口退税每增长1%，出口额将增长7.96%。钱德拉等（Chandra et al.，2013）基于企业层面的面板数据，发现出口退税率每提高1%，出口额将增长13%。王孝松等（2010）基于纺织业的数据也表明，调高出口退税率显著提高了我国对美国的出口增长率。

2. 优化出口产品结构

由于不同行业在产业结构、产品替代性、供需弹性等方面存在差异，对出口退税率变化的反应程度表现出很大的不同。有的行业对出口退税率敏感，退税率提高能起到明显的促进出口效应，也有的行业则不敏感，退税率提高并未起到明显的拉动作用。例如，赵齐秋等（2006）研究发现出口退税政策让电子、汽车和其他运输设备、化学及塑料制品、纺织品和服装等部门的出口有所受益，而对传统的农业部门则出口获益较少甚至会受损，不同部门间表现出的促进作用存在较大差异。刘盈曦和郭其友（2011）认为，自2004年以来，在差异化出口退税政策的引导下，我国的工业制成品等出口占比逐渐上升，而资源消耗型产品的出口占比逐渐下降。白重恩等（2011）发现，2007年出口退税率下调对易引起贸易摩擦的产品的出口增长率有显著的负影响，而对"高耗能、高污染、资源型"（两高一资）产品的出口增长率则没有显著影响。认清这些差异，发挥出口退税的财税杠杆作用，通过对不同产品退税率的结构性调整，可以达到优化出口产品结构的效果。

即使在同一大类行业内，出口退税对各细分行业的影响也不一样（陈军才，2005）。例如，出口退税对不同技术水平的产品出口的影响存在结构差异性，提高对高新技术产品的出口退税率，有利于增加高附加值商品的出口，促进我国出口商品结构的优化升级。谢建国和陈莉莉（2008）的实证研究表明，出口退税对中国工业制成品出口增长整体上具有显著作用，但对不同类别的工业制成品的影响程度不同；对高技术含量的产品的影响更大。王世嵩和周勤（2009）认为，出口退税对中等技术产品具有明显促进作用，高科技产品次之，低技术产品较弱。出口退税仅仅优化了加工贸易结构，对贸易总量的结构优化作用十分有限。但樊琦（2009）认为，出口退税对初级产品和劳动密集型产品的影响最大，对高技术产业的影响不明显。林钰和彭冬冬（2016）根据异质性企业贸易模型指出，出口退税率的变动对一般贸易的影响更大，对进料加工贸易的影响程度则相对较轻。

3. 利好相关企业

由于贸易促进效应的存在，出口退税有利于企业降低成本、提高产品竞争力、扩大市场需求，使生产者福利得到提高，对企业经营业绩和资本市场表现具有显著地拉动作用。

一是触发规模经济的正反馈机制。出口退税带来企业出口和生产规模的增加，降低单位生产成本，带来规模经济效应，使企业更具价格优势和国际竞争力，出口和生产规模进一步增加。产量、成本和价格的优势互相强化，从而在改善企业经营、拉动上市公司的股价方面有明显体现。

二是推动技术进步。外贸行业面临激烈的国际竞争,价格竞争的压力迫使企业努力控制成本,影响研发投入,不利于企业技术进步。出口退税为企业进行技术改造和研发赢得空间,有利于提升企业生产效率,提高出口产品质量,从根本上增强企业竞争力,进入良性循环。刘怡和耿纯(2016)在企业和产业层面的证据都表明出口退税促使企业通过提高研发投入提升出口产品质量。具体而言,出口退税率每提高1%,一般贸易企业的出口产品质量比加工贸易高出3.69%。此外,减免出口关税对于企业生产效率的提升效应比减免中间品进口关税更大。与出口贸易相关的设备引进和技术引进也有利于提高企业的技术水平。

三是出口退税的出口促进效应还能带来产业聚集效应和外部规模经济。产业的区域聚集有利于降低企业的生产和交易成本,提高生产效率;还能够促进技术扩散,激发技术创新。出口退税政策能有效激发出口扩大、产业聚集和技术创新之间的正反馈及相互强化机制。这一效应也可以得到反向印证,林钰和彭冬冬(2016)的实证研究表明,下调出口退税率会造成出口贸易减少。

4. 拉动 GDP 增长

显而易见,出口退税在促进出口增长的同时会拉动 GDP 的增长,尤其是出口在我国 GDP 中占较大比重的背景下。不过,这一结论需要更为谨慎地看待,因为在各项政策工具中,出口退税在刺激经济增长方面的政策效率可能并不是最高的,即同样的政策成本所带来的政策效应存在差异。例如,与政府购买相比,出口退税政策可能存在政策支出的国外流出问题,尤其是如果出口商品的价格弹性低则可能导致出口退税在拉动 GDP 增长方面的作用不如对国内商品的政府购买强。

需要注意的是,出口退税上述政策效应的发挥是有条件的。一是出口退税能否增加出口额取决于内外部市场环境。出口退税的经济效应不仅受出口退税率水平的影响,还受到很多其他因素的影响,如进出口国产品之间的替代弹性、行业供给弹性以及消费者需求弹性等。还有学者研究指出,出口退税的出口拉动效应取决于该国的经济发展重点和经济条件,更高的退税率有利于提升出口竞争力,但其福利效应并不确定。退税率的小幅提高对出口并不能起到明显的促进作用，而且出口额能否增长更重要的是取决于外需。金融危机后，全球经济低迷，外需不振，出口退税率的提高也难以起到有效拉动出口的作用。二是出口退税只是影响出口规模的短期因素，长期来看，推动出口增长的主要是外需、汇率、相对价格等因素（江霞等，2010；刘穷志，2005）。三是出口退税的政策效果存在结构异质性，如对不同行业的贸易促进效应存在差异；对不同贸易方式的政策效果存在差异，与进料加工贸易相比，一般贸易受到的影响更大；在企业层面上，与国有企业相比，对民营企业影响更大；在区域层面上，由于地区之间存在资本、技术、劳动力等资源禀赋差异，以及各地的执行力度差异，会直接或间接影响政策实施效果。例如，白志远和章雯（2016）发现，同样是扶持高新技术产业的退税政策，其激励效果在地区间却存在明显差异，在经济发达的沿海经济区，对高技术产业出口的促进效果最为明显，中部次之，西部则比较微弱、不显著。郑桂环和汪寿阳（2004，2005）通过对高新技术产品、焦炭、服装等主要行业的分析发现，我国出口退税率下调后，大部分行业的出口增速并没有出现大幅回落现象。这也就印证了一些学者研究的结论：出口退税可能只优化加工贸易结构，对贸易总量结构优化的作用有限。四是影响出口的因素有很多，出口退税只是其中之一，而且一些其他措施可能比出口退税更为有效，如加大对出口企业的贸易融资支持、退还出口产品的关税等。可能退还出口关税对该类产品的影响程度会大于出口增值税的退还。

4.2.2 出口退税的政策效益

1. 缓解人民币汇率压力

出口退税和汇率是调节出口的两大主要政策工具。实践中，两者的效果既相互促进又互相替代。出口退税对出口增长的拉动作用是通过影响实际有效汇率，进而影响出口盈利性实现的（陈平和黄建梅，2003），并且出口退税与外汇储备规模正正相关（陈建勋等，2005）。具体而言，出口退税在调节出口方面比汇率政策效率更高。汇率政策不仅影响出口，而且影响进口以及宏观经济的方方面面，出口退税的出口效应则更为直接，且能够对行业和产品进行更有针对性的调整，其有效性、精准性和操作性更优。尤其在发生经济危机时，通过汇率调整来刺激出口的空间有限，主要依靠提高退税率来保证出口，从而减轻对宏观经济的冲击，缓解人民币贬值压力。

2. 财政增收效应

从短期看，出口退税会导致财政支出增加，但从长期看，则可能具有财政增收效应。一方面，出口退税会直接或间接扩大投资和生产规模，拉动 GDP 增长，从而带来税收收入增加；另一方面，出口退税会增加加工贸易对中间品的需求，引起设备及原材料进口增加，从而增加关税收入。出口退税的财政增收效应主要取决于对出口规模和国内生产的拉动程度，出口和生产的规模增长越快，财政增收效应越大。

4.2.3 出口退税的社会效益

1. 促进就业

出口退税对就业的影响分为直接效应和间接效应。首先，提高出口退税率有利于增加出口，带动企业扩大生产，从而直接提高出口行业的就业水平。由于外贸行业大多是劳动密集型，从业人员数量较多，提高出口退税率对就业的直接促进效应非常明显。在这个意义上，出口退税的社会效益可能大于直接经济效益。其次，出口退税率通过影响消费和投资间接增加社会就业。一方面，出口增加能够刺激出口企业扩大投资，带动上下游行业的生产和投资，增加出口相关行业就业机会；另一方面，出口企业生产扩大、盈利增强，带动行业自身及相关行业的收入水平提高，增加社会消费需求，从而促进社会整体就业水平提高。

2. 技术扩散和创新效应

出口退税通过刺激出口部门发展间接带动了非出口部门的技术和知识

的扩散，提高了全社会的技术水平和生产效率。例如，加工贸易的发展带动中间原材料的进口以及相关技术和设备的引进，对于国内相关行业的技术进步有一定的促进作用。

3. 节能减排效应

自 2004 年起，我国实行差别化的出口退税制度，逐步降低对高污染、高耗能、资源型产品的退税率，提高高技术产品的退税率，在很大程度上减少了"两高一资"产品的出口规模，提高了出口产品质量，对我国的节能减排、环境保护发挥了一定作用。

综上所述，出口退税具有财税杠杆的作用，通过对不同产品退税率的结构性调整，可以达到优化出口产品结构的效果，在实施早期对促进出口发挥了重要作用。但随着我国出口规模的日渐庞大，退税带来的财政负担也日益沉重，而且国际贸易摩擦等弊端也逐渐显现，实施该政策需要全面看待和审慎评估其综合政策效果。

第 5 章

出口退税政策效果的实证分析

经过多年实施，出口退税已经成为重要的宏观调控工具，既承担了多元化的政策目标，同时也潜藏了一些隐性实施成本。实践中，我国出口退税的政策效果究竟如何，有没有达到预期的政策目标？为此，本章将以实证数据为基础，通过多种实证方法多角度对政策实施效果予以客观地评估，以期发现问题及其根源，为未来决策提供借鉴和参考。

实证研究对于出口退税政策效应的考察大致分为三种类型：一是着眼于宏观层面，考察出口退税对出口总量和经济增长的促进效应；二是立足于中观层面，考察出口退税对各行业出口及其结构的影响；三是关注微观层面，考察出口退税政策对出口企业和出口产品的影响。除了静态的考察，还有学者从动态的角度检验出口退税的政策效果。在实证方法上，经过多年的探索，学者们对出口退税采用了长期均衡模型、时间序列、协整分析、误差修正模型、Spearman 相关性检验、面板数据、倍差法、事件分析法等多样化的方法和手段展开研究（赵齐秋等，2001；陈建勋等，2005；刘穷志，2005；谢建国和陈莉莉，2008；王世嵩和周勤，2009），每种方法都有其利弊。本章将在综合以往研究经验的基础上，根据研究主题的不同采用适当的方法对出口退税的政策效果进行评估。

本章的基础数据主要来自中国海关信息网、国家统计局、国家税务总局、中国统计年鉴、中国税务年鉴、WIND 资讯、中国工业企业数据库等。

虽然我国的出口退税制度从 1985 年开始正式确立，但由于配套的税收体制尚未建立，直到 1994 年明确"应退尽退"的中性原则后，出口退税政策才真正完善起来。因此，本章将数据区间界定为 1994~2017 年，并根据数据可得性和研究需要，在不同的研究主题下进行具体设定。

5.1 宏观层面：出口退税政策对出口规模、汇率的影响

5.1.1 出口退税对出口贸易影响的机理分析

如果将出口退税对出口的影响过程简单地比作输入、输出及反馈的过程，可以把出口退税的税种、退税率、退税环节、退税方式方法等作为输入因素，使多种要素共同作用，最终产生输出结果，如促进出口规模的扩大、提高出口商品竞争力、优化出口的产业结构和商品结构等结果。在这些影响因素里出口退税率起着非常关键的作用，其政策本身也主要是通过调整退税率进而实现既定的目标。再通过对实施结果的测评，分析政策实施中存在的问题，为出口退税政策的调整和完善提供数据（见图 5-1）。

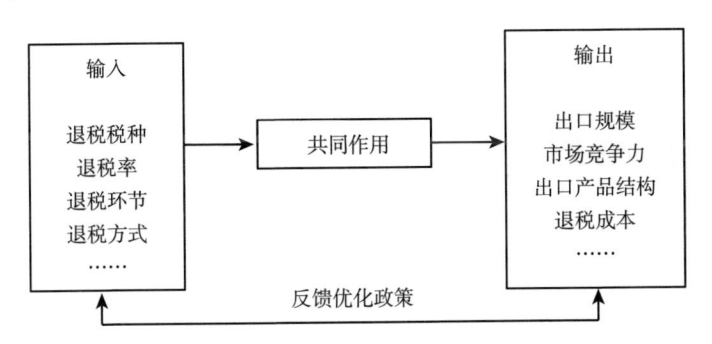

图 5-1 出口退税的反馈机制

目前，我国的出口退税政策还肩负着政府宏观调控的重任，因此差别化的退税率对我国出口产品结构和产业结构还有着积极的调节作用。根据

国家宏观经济政策规划和产业规划，对不同的产业实行高低不同的退税率给予不同力度的支持。一般对高新技术等产业给予较高的退税率，更多地减少这些产业出口产品的税收成本，获取更大的利润空间，进而带动更多的社会资源向国家所扶持的产业流动，从而实现整个社会的资源优化配置和国民经济产业结构的调整（见图5-2）。

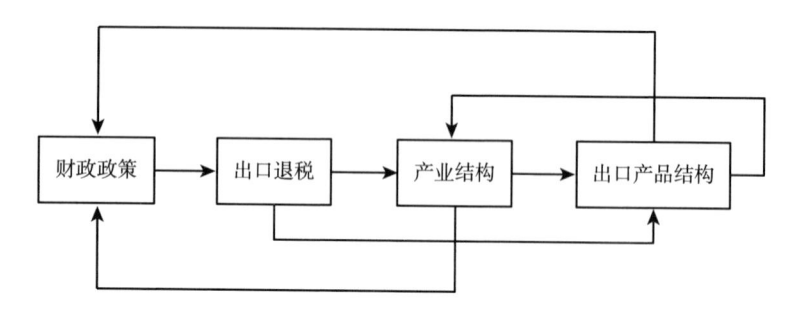

图5-2 出口退税对产业结构和出口产品结构的影响机制

从出口退税政策实施的长期效果来看，出口退税率的变动虽然作用于当前的国民经济产业结构，但在一定程度上会影响未来本国产业结构的形成，进而又会在一定程度上直接或间接决定着未来的出口产品结构。政府根据国家宏观经济实际需要，灵活地调整出口退税率来促进产业结构的优化升级。产业结构的优化和出口产品结构的优化相互促进、相互支持，共同对国民经济发展起到重要推动作用。

5.1.2 出口退税政策对出口规模的影响

在WTO规则下，出口退税是为数不多的调节贸易平衡的合法手段之一。与关税等政策相比，出口退税具有灵活性、时效性等特点，因而在全球范围内被广泛运用。在出口退税的众多政策目标中，促进出口一直居于首要地位，尤其是在出口面临不利形势的情况下，往往通过提高出口退税率来保出口。而在出口增长较快时，又往往通过下调出口退税率控制贸易平衡，从而起到平滑出口、减少波动的作用。

1994年我国外贸出口总额为10 421.84亿元，2016年上升到138 419.29亿元，23年间增长了12.28倍；1994年出口退税额为450.2亿元，2016年上升到 12 154.48 亿元，23 年间增长了 26 倍；1994 年我国 GDP 48 637.5 亿元，2016 年上升到 740 060.8 亿元，23 年间增长了 14.22 倍。如图 5 - 3 和图 5 - 4 所示，无论是从总量还是增长率层面来看，我国的出口退税与出口规模和经济增长都保持了同步变动趋势。尤其是 2004 年以来，出口退税和出口增长步调基本保持一致（其中 2008 年遭受全球金融危机冲击除外）。

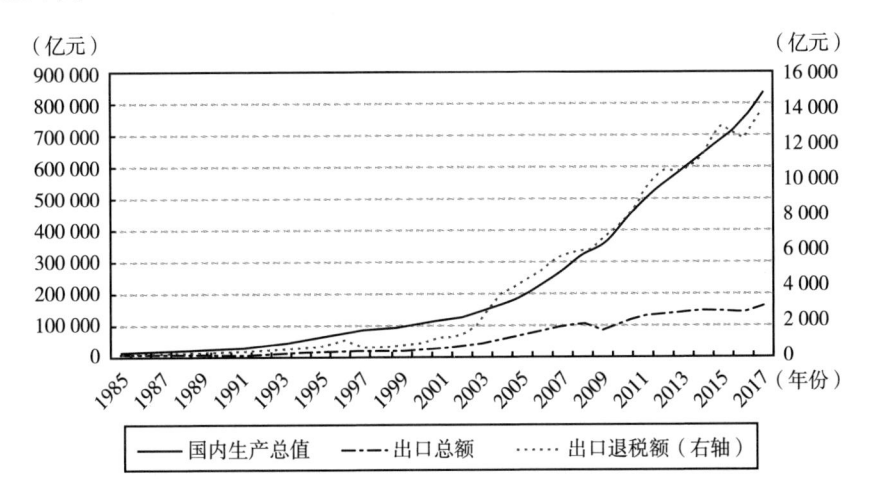

图 5 - 3　1985 ~ 2017 年我国出口退税、出口总额及 GDP 的增长情况

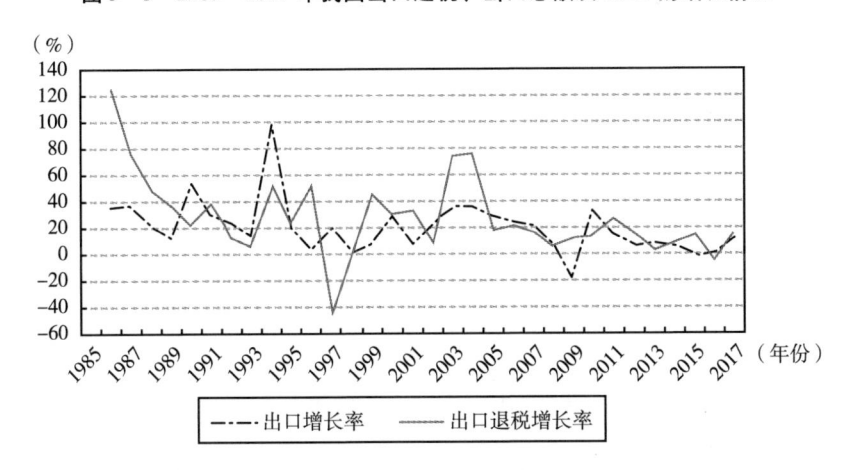

图 5 - 4　1985 ~ 2017 年我国出口退税和出口增长情况

通过查阅文献，可以大致梳理出 1985 ~ 2009 年间我国出口退税率调整的综合出口退税率的数据（见表 5 - 1）。

表5-1 1985~2009年综合退税率变化

时间	综合退税率（%）
1985.01~1993.12	11.20
1994.01~1995.06	16.63
1995.07~1995.12	12.90
1996.01~1997.12	8.29
1998.01~1998.12	9.24
1999.01~1999.06	11.80
1999.07~2003.12	15.00
2004.01~2007.06	12.00
2007.07~2009.06	13.50

资料来源：根据相关年份的财政部、国家税务总局文件总结。

但由于1985~1995年我国外贸出口总额的数据难以获得，所以仅计算1996~2010年出口综合退税率与出口增长率数据的相关性（见图5-5）。这一时期两者的变动依然呈同向相关，只是出口综合退税率的变动比较平缓，而出口增长率的变动幅度较大。在有些年份，也存在两者变化不一致的情况，说明出口退税政策只是影响出口贸易的诸多因素之一。

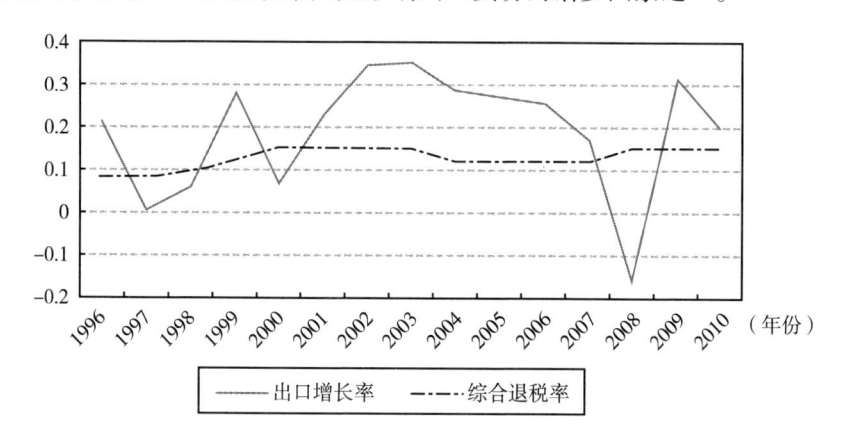

图5-5 1996~2010年我国出口增长率与出口综合退税率变动情况

本章借鉴陈建勋等（2005）、兰宜生和刘晴（2011）的研究，运用Sperarman秩相关系数检验出口退税与出口额之间的相关性，Sperarman秩相关系数的计算公式为：

$$r_s = 1 - \frac{6\sum d^2}{n(n^2-1)}$$

其中，$d = X_r - Y_r$，X_r 和 Y_r 分别是被检验变量 X 和 Y 的秩。

具体而言，本章使用的是平均出口退税率（出口退税额/出口总额）与滞后一期出口额增长率两项指标，原假设为出口退税率和出口增长率之间没有相关性。根据 1994~2016 年共 23 个样本点得到的相关分析结果为 0.5934，在 5% 的水平下显著，说明我国的出口退税与出口规模具有较强的相关性。那么，这种趋势上的相关性是否是由于因果关系所致？本章将在以往研究的基础上，进一步运用回归和 VAR 等实证手段予以检验。

1. 考虑动态效应的多元回归分析

早期的实证研究运用时间序列方法考察出口退税对我国出口的总体影响，该方法较为直观地揭示了出口退税的政策效果，但同时也存在一些问题。一是没有很好地处理内生性问题。一些文献直接考察出口退税额对出口总额的影响，这一做法的问题在于存在明显的内生性，因为在出口总额持续增长的大背景下，即使退税率保持不变，出口退税额也会随之增长，此时出口退税额成为出口增长的结果而非原因。要准确检验出口退税的政策效果，需要对其与出口总额之间的长期互动关系进行谨慎拆解。

二是实证结论的科学性有待提高。我国自 1985 年实施出口退税政策以来，仅有 30 多年的时间，早期研究基于年度数据的时间序列回归，由于样本量较少，因而难以保证自由度、难以避免时间序列方法的局限性。

三是大多是静态分析，忽略动态因素的影响。以往多数研究的默认前提是在考察区间内出口退税的政策效应弹性是不变的，而实际上，受国内外因素影响，我国出口退税率经历过多次调整。例如，为促进出口，1985~1994 年为出口退税率总体上调阶段，1994 年平均达到 16%；由于出口增长过快，为减轻中央财政负担，1995~1997 年为出口退税率总体下调阶段，最低降到 8.3%；1998~2003 年，受亚洲金融危机影响，我国先后 8 次上调退税率，达到 15.1%；2004~2007 年，为缓解贸易失衡，逐步下调退税率；2008年金融危机后，为保增长保出口，我国大面积上调出口退税率；经济回稳后，从2010年6月开始，逐步取消部分商品的出口退税。由于每次调整的背景和原因各不相同，出口退税的效应也会有所不同。

四是实证结果存在争议。尽管多数研究认为出口退税能有效地促进出口增长，但也有部分研究持有异议。例如，兰宜生和刘晴（2011）认为，出口退税不仅没有显著促进出口，反而会恶化我国贸易条件，加大通货膨胀压力，国外需求才是影响出口的主要因素。同时，关于出口退税的动态政策效果，实证研究结果的争议更大。一种观点认为，出口退税无论是短期还是长期都能起到促进出口的作用（陈平和黄健梅，2003）；另一种观点认为，出口退税的政策效果只存在于短期，长期效果不显著（刘穷志，2005）；还有一种观点认为出口退税的长期效果大于短期（张晓涛和杜伯钊，2014；靳玉英和胡贝贝，2017）。

上述问题和争议的解决有待于实证方法的改进。为此，本章将从以下几个方面进行改善：第一，不直接考察出口退税与出口总量之间的关系，而是分析出口退税率以及出口退税增长率与出口增长率之间的关系，在一定程度上减轻内生性问题；第二，使用月度数据，增加时间序列的样本量；第三，引入政策变动虚拟变量，考察退税率上调、下调和平稳三种情况下的政策效应，从动态的角度考察政策效应；第四，根据以往实证经验，合理设置控制变量。具体而言，借鉴王世嵩和周勤（2009）、苏东海（2009）、潘文轩（2015）的研究，建立如下回归模型：

$$\ln Export_t = \beta_0 + \beta_1 \ln Rebate_t + \beta_2 d_1 \ln Rebate_t + \beta_3 d_2 \ln Rebate_t + \sum \beta_i \ln X_{it} + \varepsilon_t \quad (5-1)$$

其中，$Export$、$Rebate$ 分别代表出口额、出口退税额，为降低时间序列的异方差性，各变量均取自然对数。d_1 和 d_2 是政策变动的虚拟变量，前者取1代表出口退税率上调的年度，即1998年、1999年、2008年、2009年和2012年；后者取1代表出口退税率下调的年度，即1995年、1996年、2004年、2007年和2010年；两者均为0代表该年度无变动，即其余年度。$\ln X_i$ 是控制变量，分别是 $\ln ER$（实际有效汇率）、$\ln GDP_d$（我国GDP）、

$\ln GDP_f$（国外需求，用我国的三大主要出口对象——美国、欧盟、日本的GDP代表）[①]。此外，为避免季节性问题，本书引入了月度虚拟变量；为减轻市场需求等影响出口的其他外部因素变动对回归结果的干扰，还引入了年度虚拟变量。

首先，检验序列的平稳性。出口额、出口退税额、GDP等经济变量通常是非平稳序列，因此，本书对各变量进行ADF检验，结果显示均为一阶单整序列（见表5-2）。

表5-2　　　　　　　　　　ADF检验结果

变量	差分阶数	滞后项	ADF统计量	1%临界值	结论
$\ln Export$	1	0	-5.736	-4.673	I（1）平稳
$\ln Rebate$	1	1	-3.961	-3.172	I（1）平稳
$\ln ER$	1	0	-4.563	-2.967	I（1）平稳
$\ln GDP_d$	1	1	-2.875	-2.776	I（1）平稳
$\ln GDP_f$	1	1	-3.152	-2.698	I（1）平稳

其次，进行Johansen协整检验。对于具有相同单位根的多个时间序列，通常用Johansen检验来判断是否具有长期稳定的协整关系。检验结果见表5-3，可见在5%的水平下存在且只存在一个协整关系。

表5-3　　　　　　　　Johansen协整检验结果

原假设	特征值	迹统计量	5%临界值	P值
没有协整关系	0.718	41.901	32.169	0.003
最多只有1个协整关系	0.531	19.852	18.645	0.031

在此基础上得到出口额与出口退税之间的协整回归结果如表5-4所示，其中第（1）列是未考虑政策调整方向的静态回归结果；第（2）列是政策调整方向的动态回归结果；第（3）列考虑了月度虚拟变量和年度虚

[①] 以往研究表明，以CPI、出口商品离岸价等指标表示的出口价格因素，其结果不显著，本书也曾尝试将其纳入模型中，结果同样不显著，因此不再报告。

拟变量从而剔除季节性因素和其他市场环境因素的影响。根据格兰杰（Granger）定理，如果变量之间是协整关系则必然存在长期均衡关系。回归结果显示，出口退税对出口额具有显著的促进作用，出口退税每增长1个百分点，出口额相应增长约0.5~0.6个百分点。考虑不同政策调整方向的影响，与谢建国和徐婷（2012）的结论类似，本书的实证结果表明，在应对危机时出口退税率上调的政策效果较为明显，而出口退税降低则没有显著的政策效果。究其原因可能在于，在样本期间，我国出口保持了强劲的增长态势，提高退税率更加强化了这一趋势，而调低退税率则只能在一定程度上缓解出口增长的速度，但并不能从总体上扭转出口增长的态势。此外，回归结果还显示，人民币汇率、我国经济增长、国外需求对出口也有显著影响。第（3）列的回归结果显示，控制了季节性因素和外部市场环境因素后，拟合优度得到进一步改善。

表5-4　　　　　　　　考虑动态效应的多元回归结果

变量	(1)	(2)	(3)
$\ln Rebate$	0.423** (2.741)	0.387** (2.695)	0.471*** (3.127)
$d_1\_\ln Rebate$		0.126* (2.109)	0.132* (2.568)
$d_2\_\ln Rebate$		-0.015 (-0.714)	-0.021 (-0.757)
$\ln EX$	-0.327** (-2.628)	-0.296* (-1.974)	-0.283* (-2.162)
$\ln GDP_d$	0.448** (2.793)	0.310** (2.381)	0.293** (2.694)
$\ln GDP_f$	0.612** (2.669)	0.473** (2.752)	0.516** (2.894)
月度虚拟变量	No	No	Yes
年度虚拟变量	No	No	Yes
Adj_R^2	0.914	0.953	0.974
F	538.67	264.35	491.42

注：*、**、***分别表示在10%、5%、1%水平显著；括号内为标准误。

2. VAR 模型分析

为进一步考察出口退税与出口之间的动态关系，本书还采用 VAR 方法进行检验。而且该模型对各变量之间的关系不做任何先验假设，可有效缓解内生性问题。借鉴江霞和李广伟（2010）、潘文轩（2015）的研究方法，将模型设定如下，并根据 AIC/SC 准则，将模型滞后期设定为 1。

$$\begin{bmatrix} \ln Export_t \\ \ln Rebate_t \\ \ln ER_t \\ \ln GDP\_d_t \\ \ln GDP\_f_t \end{bmatrix} = \begin{bmatrix} \alpha_1 \\ \alpha_2 \\ \alpha_3 \\ \alpha_4 \\ \alpha_5 \end{bmatrix} + \begin{bmatrix} \beta_{11} & \beta_{12} & \beta_{13} & \beta_{14} & \beta_{15} \\ \beta_{21} & \beta_{22} & \beta_{23} & \beta_{24} & \beta_{25} \\ \beta_{31} & \beta_{32} & \beta_{33} & \beta_{34} & \beta_{35} \\ \beta_{41} & \beta_{42} & \beta_{43} & \beta_{44} & \beta_{45} \\ \beta_{51} & \beta_{52} & \beta_{53} & \beta_{54} & \beta_{55} \end{bmatrix} \begin{bmatrix} \ln Export_{t-1} \\ \ln Rebate_{t-1} \\ \ln ER_{t-1} \\ \ln GDP\_d_{t-1} \\ \ln GDP\_f_{t-1} \end{bmatrix} + \begin{bmatrix} \varepsilon_{1t} \\ \varepsilon_{2t} \\ \varepsilon_{3t} \\ \varepsilon_{4t} \\ \varepsilon_{5t} \end{bmatrix}$$

$$(5-2)$$

协整检验表明出口退税对出口具有长期显著影响，那么其短期影响如何？本书通过 VAR 模型和脉冲响应分析检验当出口退税变化时，出口额将发生怎样的变化。首先检验模型（5-2）是否稳定，结果显示全部特征根的倒数均小于 1，满足进行脉冲响应分析的条件。给予出口退税一个标准差的正向冲击，其对出口的影响如图 5-6 所示，其中纵轴表示响（相）应程度，横轴表示追踪期数，实线为计算值，虚线为置信带。可看出，正向冲击发生后出口额在短期内有快速的大幅增长，到第 3 期后作用开始衰减，到第 10 期已基本衰减至最低水平。说明从政策时效性看，出口退税变动的效果主要在短期内快速体现，长期效果相对较弱，出口的长期增长仍然取决于外部需求等因素。

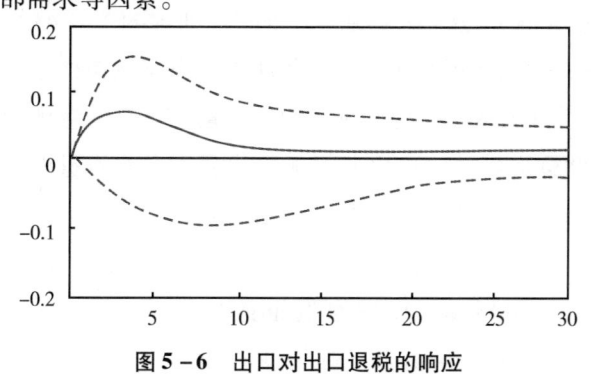

图 5-6 出口对出口退税的响应

5.1.3 出口退税政策对汇率的影响

随着经济全球化，各国企业的生产视角不断扩大，不仅满足国内市场消费还会努力地开拓国际市场，国际贸易规模日趋增长。在长期的对外贸易调控实践中，许多国家都将出口退税政策和汇率政策作为最重要的调控工具和杠杆。

出口退税也是国际社会尤其是国际税收领域长期协调的产物，其目的之一是为了消除各国税收制度的差异对出口贸易公平竞争的不利影响，从而促进国际贸易的发展。这是税收的中性原则在国际贸易领域的集中体现。

我国于1985年4月开始实施出口退税政策，1988年实行出口商品零税率，1994年1月1日开始施行的增值税暂行条例明确规定对出口商品实行退免税政策，即对出口商品免征出口环节增值税，并退还国内生产、流通环节已缴纳的增值税和消费税，让纳税人出口商品的增值税税率为零，从而以不含税的价格进入国际市场。

出口退税政策主要是通过差别的出口退税率带动出口企业产品成本及出口数量的变动，进而对国家的宏观经济总量产生影响。提高出口产品退税率，可以降低企业出口成本和价格，增加国际市场上的竞争力，提升相关产品的国际市场需求。快速增长的出口带动原材料和生产设备进口的增加，通过外贸乘数作用，带动国民经济的更快增长。

汇率作为重要的货币政策工具，汇率的变动就会通过影响进出口商品的价格带动进出口贸易的数量变化，进而对国家的宏观经济总量产生影响。汇率政策是间接地改变出口商品的相对价格来调控出口贸易，并对进口贸易产生一定的影响。但是，汇率政策变动的出口效应不同于出口退税政策，它不仅影响出口商品的外汇价格和国际竞争力，进而影响出口数量和国际需求，还会改变进口商品的价格和进口数量，进而影响国内需求和消费而产生净出口效应。

1994年，我国进行财税和外汇体制改革，建立了以市场供求为基础的、单一的、有管理的浮动汇率制度。随后的年份，汇率长期保持着较为

第 ❺ 章
出口退税政策效果的实证分析

温和的2‰的升值幅度（仅1994年、1995年升值幅度为5%）左右，对我国的出口贸易影响不显著。2005年，我国进一步深化改革汇率制度，建立以市场供求为基础，参考一篮子货币进行调节，单一的、有管理的浮动汇率制。在之后的多年里，人民币升值幅度较快，对我国的出口贸易产生了较大的影响。

出口退税政策与汇率政策作用的效果往往表现出一定的差异。具体而言，汇率作为一种重要的货币政策工具，对出口贸易和社会经济的影响显现出多种效应和广泛性；而出口退税作为一种重要的财政政策工具，对出口贸易和社会经济的影响虽然不具广泛性，但具有目的明确、针对性强、见效快和易于掌控等特点。两者之间的区别主要表现在影响机制、作用效果和效应时滞等方面。

在影响机制上，出口退税政策主要表现为退税率的变动直接影响出口商品的相对价格，从而改变国际上的需求数量，进而影响一国的出口贸易总额，对进口贸易则没有什么直接影响，表现得较为单一和直接。而汇率变动影响进出口商品的价格和数量变动，也影响国内外资产价格，对出口贸易、进口贸易、国内生产和居民消费等都产生多方面的影响，汇率产生的价格效应，影响本国贸易条件，改变进出口商品规模，进而影响国际收支和本国货币购买力。

在作用效果方面，出口退税作为一种财政政策工具，通过是否给予出口退税优惠以及差别退税率，可以体现政府对不同产品调控的力度，配合国内的产业政策，淘汰落后产能，限制资源型产品出口，鼓励深加工、高附加值的产品出口，促进产业结构升级和国民经济发展。而汇率政策作为货币政策工具，汇率升降变动只影响出口商品价格和出口总量，难以通过汇率政策的调整实现出口商品的结构调整。此外，出口退税退还的是增值税与消费税，政策的操作需要与国内的相关政策变动相协调、配合，汇率变动对不同出口商品国际需求和价格变动的影响不一，对新问题认识、了解、反映、行动不一，政策效果的显现都会有一定的滞后性。总体而言，出口退税的政策变动相较于汇率政策作用路径短、速度更快，时滞效应较短。

由于出口退税政策和汇率政策目标的差异，两者具有内生的不协调性，因此，出口退税政策与货币政策目标有时存在一定的冲突。例如，当出口退税率提高，促进外贸出口增加，贸易顺差过大时，中央银行如果按现行汇率强行要求外贸企业结汇，外汇占款人民币增加，导致国内基础货币投放量增加，可能成为引致通货膨胀和国民经济波动的诱因。

5.2 中观层面：出口退税政策对出口产品结构的影响

5.2.1 出口退税对出口产品结构、产业结构影响的机理分析

出口产品结构又称出口商品结构，是指出口贸易活动要素之间的比例关系及其经济联系，包括出口贸易活动主体之间、客体之间及主体和客体之间的比例关系，通常用一个国家或地区在一定时期内出口的按照价值计算的各类有形商品的比例构成。出口产品结构反映一国对外贸易结构的现状，也反映出该国经济在国际分工中的地位和角色、国际竞争力等。出口产品结构可以有多种分类，如按行业分为农副产品、轻工产品、重工业产品等，按制成度分为初级产品和工业制成品等。出口退税政策对出口产品结构、产业结构的影响，主要源于政府对不同种类的出口产品制定差别性出口退税率，通过影响出口产品的国内供给和国际需求，进而影响各类产品的出口额来实现。退税率（r）与出口总成本（C）呈现负相关关系，用公式表示如式（5-3）。

$$C = c + T - R = c + P(t - r) \qquad (5-3)$$

其中，C 为出口总成本，c 为进货成本，T 为增值税额，R 为退税额，t 为增值税率，r 为退税率，P 为出口产品价格。

出口产品退税率越高，企业的出口成本就会越低，出口的积极性就会提高，产品的供给就会相应增加。一方面，国家调整退税率自然会影响到企业的出口成本；另一方面，退税率的提高→出口成本下降→出口产品相对价格降低→国外需求增加→出口数量增长，出口数量一定幅度的增长会弥补

价格下降带来的损失，随着出口数量进一步增长，出口额必然增加。

综上分析，政府对不同行业的不同产品实行不同的退税率，以高退税率支持某些产业的发展，降低其成本，增加其出口利润。对不鼓励的行业或产品制定较低的甚至取消出口退税率，使这些产品的生产企业出口利润减少。在追逐利润本能的驱使下，出口企业就会整合其内部资源，最大化地选择出口退税政策鼓励的产品生产，减少低退税率产品的生产。从长远的角度和国民经济整体运行来看，出口退税这一财政政策工具会引导企业进入或退出某些出口产品的生产和流通，使社会资源流向国家所扶持的产业，调整和优化出口商品结构，进而带动整个国民经济产业结构的改变，实现社会资源的优化配置的目标。

5.2.2 我国出口退税政策的调整与出口产品结构的演变

出口产品结构主要用一定时期内一国各类出口产品在出口贸易总额中所占的比重来衡量。我国的出口产品按大类可分为初级产品和工业制成品两大类。出口产品结构的优化是指，一国的出口产品应逐步实现以工业制成品出口为主，进一步以深加工工业制成品出口为主，减少初级加工的产品出口；再进一步促进出口产品从劳动密集型的纺织产品出口向资本密集型和技术密集型的机电产品及高新技术产品出口转变，不断实现出口产品的升级换代。这三个出口产品不同层次的转变阶段，也是我国产业结构和经济结构调整的发展方向。

1. 历次出口退税政策调整对我国产业结构的影响

1985年3月，国务院正式批准实行《关于对进出口产品征、退产品税或增值税的规定》，决定自1985年4月1日起实行对进口产品征税，对出口产品退、免税办法，标志着我国出口退税制度的正式建立。当时我国的外贸出口规模不大，对商品生产实施的是税率差别较大的产品税制度，总体出口退税率水平并不高，平均大约为11.2%。至1994年税制改革前出口退税对出口产品结构的调整作用很有限。

1994年，我国实施了具有里程碑意义的财税体制的重大改革。1994年

1月1日，我国实施增值税、消费税取代了传统的产品税。国务院颁布的增值税暂行条例规定，增值税基本税率为17%，低税率为13%，纳税人出口商品的增值税税率为零。1994年2月18日，国家税务总局制定了《出口货物退（免）税管理办法》，规定对出口商品退还在国内生产和流通等环节已经缴纳的流转税额。1995年，财政部、国家税务总局又颁布了《出口货物退（免）税若干问题规定》，调整出口退（免）税的范围，严格规范出口退税的方法。增值税的实施和出口一系列政策的颁布，出口商品的平均退税率提高到了16.63%，极大促进了企业出口的积极性，这一时期我国的出口贸易得到了快速增长。

快速增长的出口贸易，带来出口退税大幅度增加，超过了财政的预期和承受能力，1995年首次出现了拖欠企业出口退税款的现象。1996年，国家开始大幅度下调出口退税率至9%、6%、3%，平均退税率下降至8.29%。退税率下调，挫伤了企业出口的积极性，当年出口贸易增长率仅为1.53%。1997年又遭遇亚洲金融危机，出口贸易增长率下降到0.5%。为缓解出口压力，自1998年1月1日起，国家首先提高了纺织品和纺织机械行业的出口退税至17%，之后几年又分批分次地提高重要出口行业的退税率。至2003年底，出口商品平均退税率提升至15.11%。

较高的出口退税率刺激了外贸出口的增长，又循环往复地带来了出口退税额的大幅度增加、中央财政拖欠退税的现象，又开始了新一轮调低出口退税率的运作。2004年底，将出口平均退税率下调至12.16%。但是，这次出口退税率的下调，由于对不同的出口商品实施不同的出口退税率，在退税率下调的同时实现了出口商品的结构性调整，较好地体现国家奖限的出口政策。随后有升有降直至取消的差别化的出口退税调整政策多次实施。例如，2007年6月19日，颁布《财政部、国家税务总局关于调低部分商品出口退税率的通知》，规定自2007年7月1日起，取消濒危动物植物及其制品、肥料、皮革、金属炭化物和活性炭产品等约687项资源性、高耗能、高污染产品的出口退税率；降低植物油、部分化学品、箱包、纸制品、服装鞋帽、部分钢铁制品等约2 268项容易引起贸易摩擦的商品退税率最低至5%，将花生果仁、油画、雕饰板等11项商品的出口退税改为出口免税等。这次调整，一方面调整了出口商品的结构；另一方面也缓解了我国出口增速过快,国际贸易摩擦增加和国际收支顺差过大的局面,减轻了政府出口退税压力和人民币升值的压力。

2008年,由美国次贷危机引发的全球金融危机,导致各国陷入经济衰退或增速减缓的状态,国际需求显著回落,影响了我国的外贸出口。为此,自2008年8月1日起,我国又先后8次分批提高部分产品的出口退税率。先是以纺织品和服装、箱包、玩具等劳动密集型产品为主,再以高附加值、高技术含量的机电产品为主,如航空导航仪、核反应堆、工业机器人、摩托车、药品等,涉及调整的商品达6 000多项,出口退税率由5%~17%分为六档。2009年底调整后的平均退税率上调至13.5%左右,刺激了我国外贸出口回温。

2010年7月,在我国经济强劲复苏、稳定增长的情况下,出口退税政策又进行了一次较大规模的反向调整。主要是取消部分钢材、化工产品、有色金属加工材等部分高耗能产品的出口退税率,调整数量约占海关税则商品总数的3%左右。调整淘汰了一些资源性和初级加工的产品,限制高污染产品的出口,鼓励节能减排,有利于促进经济发展方式转型,带动出口商品结构和产业结构升级。部分降低或取消出口退税的生产企业为减少利润损失,将企业进行空间转移到成本相对低廉的中西部地区,从而也促进国民经济地区结构的日趋均衡,助力经济的可持续发展。

2010年以后,我国出口退税政策的调整鲜有涉及出口退税率,主要为保证出口退税政策的稳定性,而是着重于调整出口退税申报退还的征管政策上。例如,2012年5月颁布《财政部、国家税务总局关于出口货物劳务增值税和消费税政策的通知》,梳理归类了增值税退(免)税的出口货物、劳务范围、增值税退(免)税方法、计税依据和退税额的计算,消费税退(免)税的出口货物的适用范围、计税依据和退税的计算等内容。随后国家税务总局颁布的《出口货物劳务增值税和消费税管理办法》调整了出口退税的申报期限。2014年1月,规范了出口退税申报的条件,信息齐全成为出口退税申报的必要条件。2015年,国家税务总局先后发布出口退(免)税企业分类管理办法、出口企业申报出口退(免)税免于提供纸质出口报关单等。财税部门致力于放管服改革,努力服务好出口企业,做好出口退税工作,支持外贸发展。

针对不同产品实施的差别性出口退税率，具有明显的调整产业结构的政策导向，对资源密集型和劳动密集型出口产品实施较低的出口退税率，减少高耗能、低附加值产品的出口；对深加工、高附加值、高科技含量的出口产品实施较高的出口退税率，促进机电产品、高技术产品出口，有利于优化我国的出口产品结构和产业结构。

改革开放以来，随着差异化的出口退税政策的深入实施，我国出口产品结构发生了巨大改变。可以从以下三个方面分析。

一是从出口产品的比重来看。1980~1985年，我国初级产品和工业制成品的出口比重大致相当，随后初级产品的占比开始下降，从1985年的50.6%下降到2017年的5.20%，相应的工业产品出口比重从49.4%上升到2017年的94.80%，成为我国外贸出口的重要产品（见图5-7）。

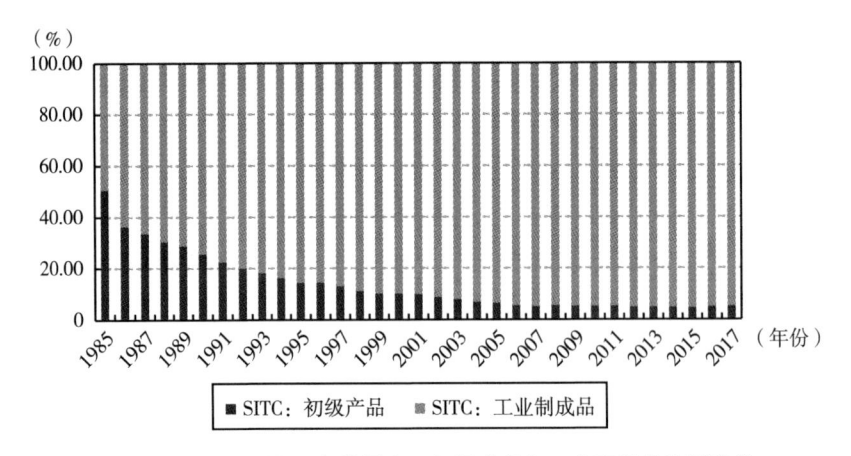

图5-7 1985~2017年我国出口初级产品与工业产品的比例变化

二是从工业制成品的组成来看。随着科学技术的发展和企业创新的深入，我国国民经济的工业化程度不断提高，出口的工业制成品中深加工、高技术含量、高附加值的产品比重不断增大，出口商品结构不断地优化。深加工、高技术含量提升了出口商品的价格，外贸出口额不断创新高。在这里，出口退税政策功不可没。机电产品出口占总出口额的比重从1980年的不足5%，提高至1996年的31.91%、2004年的54.05%、2017年的58.07%，而高新技术产品1980年几乎为零，2017年提高至29.49%。从整体上来看，我国机电产品和高新技术产品的出口呈现出高速增长态势（见

表5-5)。且中国的机电产品由净进口国转变为净出口国,高新技术产品出口也从贸易逆差转为贸易顺差,我国的贸易竞争力指数呈现不断上升的趋势,体现了出口退税政策大力扶持的积极效果。

表5-5　　　　2004~2017年我国出口贸易按产品划分情况

年份	货物出口额（亿美元）	货物出口额（按产品划分）			机电产品出口额		高新技术产品出口金额	
		初级产品（亿美元）	工业制成品（亿美元）	工业制成品占比（%）	金额（亿美元）	占比（%）	金额（亿美元）	占比（%）
2004	5 933.26	405.49	5 527.77	93.17	3 233.70	54.50	1 655.36	27.90
2005	7 619.53	490.37	7 129.16	93.56	4 267.29	56.00	2 182.44	28.64
2006	9 689.78	529.19	9 160.17	94.53	5 494.02	56.70	2 814.25	29.04
2007	12 200.60	615.09	11 562.67	94.77	7 011.71	57.47	3 478.25	28.51
2008	14 306.93	779.57	13 527.36	94.55	8 229.30	57.52	4 156.11	29.05
2009	12 016.12	631.12	11 384.83	94.75	7 131.13	59.35	3 769.09	31.37
2010	15 777.54	816.86	14 960.69	94.82	9 334.34	59.16	4 924.14	31.21
2011	18 983.81	1 005.45	17 978.36	94.70	10 855.89	57.19	5 487.88	28.91
2012	20 487.14	1 005.58	19 481.56	95.09	11 793.38	57.56	6 011.64	29.34
2013	22 090.04	1 072.68	21 017.36	95.14	12 646.62	57.25	6 600.81	29.88
2014	23 422.93	1 126.92	22 296.01	95.19	13 107.57	55.96	6 604.90	28.20
2015	22 734.68	1 039.27	21 695.41	95.43	13 107.15	57.65	6 552.12	28.82
2016	20 976.31	1 051.87	19 924.44	94.99	12 090.56	57.64	6 035.73	28.77
2017	22 633.45	1 177.33	21 456.38	94.80	13 214.63	58.39	6 674.44	29.49

资料来源：相关年份《中国统计年鉴》、海关总署网站。

三是从出口商品要素密集度来看。根据联合国制定的《国际贸易标准分类》(Standard International Trade Classification, SITC)，将进出口贸易商品分为0-食品及活畜，1-饮料及烟草，2-非食用原料，3-矿物燃料、润滑油及有关原料，4-动物和植物油、油脂及蜡，5-化学品及有关产品，6-轻纺产品、橡胶制品、矿冶产品及其制品，7-机械及运输设备，8-杂项制品，9-未分类的其他商品等10个门类。一般可以将这几类产品简单地分成3部分，SITC0~SITC4类为资源密集型产品，SITC5、SITC7和SITC9类为资本技术密集型产品，SITC6和SITC8为劳动密集型产品。从出口商品要素密集度角度来看，我国出口产品结构有两次重要的变革。第一次是1986年纺织品和服装的出口额超过石油成为最大出口商品，标志着我国出口产品从资源密集型为主向劳动密集型产品为主转变；第二次是1995年机电产品出口取代纺织品和服装成为第一大类出口商品，标志着我国出口商品开始向着资本技术密集型产品出口为主导的方向转变，与我国产业结构的变动具有一致性。

  随着我国的改革开放，资源密集型产品出口占比呈现出不断下降的趋势，1992年出口占比为20%，2000年出口占比为10.2%，2017年出口占比仅为5.2%。这一时期，作为中国出口产品结构中曾经重要的主力，劳动密集型产品出现了先升后降的趋势，1992年出口占比为9.4%，1998年达到峰值47.2%，此后开始呈现下降趋势，2014年出口占比下降为33.3%。与此同时伴随着加工贸易的发展，资本密集型产品出口则出现了一路上升的趋势。1992年其出口占比为2.5%，2000年达到21.6%，2017年达到最高54.1%（见表5-6）。

表5-6　　　　　　1992~2017年我国出口贸易按类型划分情况

年份	资源密集型 出口额（亿美元）	占货物出口额比重（%）	劳动密集型 出口额（亿美元）	占货物出口额比重（%）	资本密集型 出口额（亿美元）	占货物出口额比重（%）
1992	170.04	20.0	79.79	9.4	21.30	2.5
1993	166.66	18.2	252.62	27.5	93.18	10.2
1994	197.08	16.3	310.76	25.7	109.67	9.1
1995	214.85	14.4	503.69	33.9	175.67	11.8
1996	219.25	14.5	551.73	36.5	199.05	13.2
1997	239.53	13.1	731.55	40.0	281.31	15.4
1998	204.89	11.2	867.88	47.2	405.01	22.0
1999	199.41	10.2	849.22	43.6	441.89	22.7
2000	254.6	10.2	1 048.99	42.1	539.36	21.6
2001	263.38	9.9	1 026.77	38.6	605.38	22.8
2002	285.4	8.8	1 057.72	32.5	692.09	21.3
2003	348.12	7.9	1 288.24	29.4	946.98	21.6
2004	405.49	6.8	1 309.23	22.1	1 082.53	18.2

续表

年份	资源密集型 出口额（亿美元）	资源密集型 占货物出口额比重（%）	劳动密集型 出口额（亿美元）	劳动密集型 占货物出口额比重（%）	资本密集型 出口额（亿美元）	资本密集型 占货物出口额比重（%）
2005	490.37	8.3	1 541.08	26.0	1 423.01	24.0
2006	529.19	6.9	1 951.06	25.6	2 073.54	27.2
2007	615.09	6.3	2 570.44	26.5	2 946.20	30.4
2008	779.57	6.4	3 233.04	26.5	3 880.06	31.8
2009	631.12	4.4	4 128.30	28.9	5 008.73	35.0
2010	816.86	5.2	5 167.22	32.8	6 373.69	40.4
2011	1 005.45	5.3	5 983.51	31.5	7 526.76	39.6
2012	1 005.47	4.9	4 845.63	23.7	6 522.91	31.8
2013	1 072.67	4.9	6 267.60	28.4	8 678.41	39.3
2014	1 126.92	4.8	7 789.30	33.3	10 165.62	43.4
2015	1 039.26	4.6	7 656.88	20.7	11 886.98	52.3
2016	1 051.69	5.0	7 526.71	20.8	11 061.41	52.7
2017	1 177.33	5.2	8 046.06	20.1	12 236.22	54.1

资料来源：相关年份《中国统计年鉴》、海关总署网站。

2. 基于产业结构优化的目标出口退税政策调整中存在的问题

一是出口退税率的制定不尽合理。自改革开放后，我国的出口退税政策不断顺应外贸形势的发展变化而进行着调整。按理从鼓励深加工、高附加值、高新技术产品的出口，对机电产品、高技术产品等加工程度高的出口商品应制定高的退税率，对资源型、劳动密集型产品应制定较低的退税率，甚至可以取消出口退税，但实际中依然存在着并不完全按加工程度分类确认退税率，有些产品加工程度复杂，出口退税率反而较低。

二是出口退税对出口产品结构的调整力度不够。制订差别性出口退税率的目标是扶持高新技术产业出口，限制高耗能、高污染和资源性产品出口，优化出口商品结构，进而优化国民经济的产业结构。但在长期的出口退税实践中，受所有制结构局限性的影响，对"两高一资"产品的出口限制的力度不够。这是因为我国外贸出口中以加工贸易为主，且以外资企业居多。我国国有企业又普遍缺乏自主品牌，出口竞争力较弱。外资企业多以生产和加工劳动密集型产品为主，产业水平普遍较低，再加上"进口替代"的产业政策与"出口导向"的贸易政策，降低了产业升级的动力。

5.2.3 出口退税对出口产品结构影响的实证分析

随着出口规模的快速增长以及环境和资源问题凸显，缓解贸易顺差，优化出口结构，降低初级产品和资源性产品出口比重等问题逐渐提上日程，调整出口结构成为出口退税的另一大政策目标。2004年以来，我国的出口退税开始打破中性原则，对不同类别的出口商品实行差异化退税政策（分为17%、13%、11%、8%和5%五个档次）。对于国家鼓励出口的行业和商品，如高技术行业、高附加值产品提高出口退税率；对于我国限制出口的行业和商品，如高耗能、高污染、资源型即"两高一资"行业，降低或取消出口退税。出口退税的政策目标开始由调节出口的单一目标向调节出口和产品结构两大目标转变，尤其是近年来通过差别化的出口退税率实现对出口产品结构的调整成为重要的政策考量。此外，不同行业在生产函数、产品替代性、供需弹性等方面均存在差异，出口退税的政策影响是不相同的，大量实证研究表明，出口退税率的政策效果在各行业之间存在差异。

1. 出口退税对于出口产品结构的影响——基于倍差法的检验

在差异化的出口退税政策下，不仅不同行业的退税率存在差异，甚至在同一大类内部的不同细类商品之间也存在差异化的退税率，这为利用倍差法更精确地考察退税效果提供了有利的场景条件。与上述基于一阶差分的多元回归相比，倍差法通过计算实验组和对照组两者之差在退税率调整前后的变化，来反映出口退税调整对出口的影响，从而剔除了由于遗漏其他潜在因素可能造成的偏差，并较好地控制了内生性问题。借鉴王孝松等（2010）、白重恩等（2011）的方法，本书将倍差法模型设置为：

$$Y_{it} = \beta_0 + \beta_1 \times T_t + \beta_2 \times G_i + \beta_3 \times (T_t \times G_i) + \gamma X_{it} + \mu_{it} \quad (5-4)$$

其中，Y_{it}是出口增长率；T_t为时间虚拟变量，在退税率调整之后取值为1，否则为0；G_i为出口商品类别虚拟变量，实验组商品（退税率发生调整的商品）取值为1，对照组为0；X_{it}为控制变量，分别是月度虚拟变量、年度虚拟变量、商品类别虚拟变量。倍差法主要关注交叉项系数 β_3 的情况，因为其反映了退税率调整对出口的净影响。此外，β_1 反映了退税率调整前后其他因素对控制组商品的影响，β_2 反映了实验组和控制组之前的差异。

关于退税率调整事件，本书主要选取三个样本①，分别是 2007 年 7 月、2010 年 7 月、2015 年 1 月开始执行的出口退税调整（见表 5-7），对每一个政策样本分别进行检验。涉及退税调整的商品均使用按章分的 HS-4 数据，时间区间设定为政策变动前后各 12 个月的时间。

表 5-7　　　　　　2007~2015 年我国出口退税率调整情况

执行时间	文件名称	内容
2007 年 7 月	财政部 国家税务总局关于调低部分商品出口退税率的通知	共涉及 2 831 项商品，其中取消了 553 项高耗能、高污染、资源性产品的出口退税，平均降低 11 个百分点；降低了 2 268 项易引起贸易摩擦商品的退税率，平均降低 5.1 个百分点；10 项商品退税改免税
2010 年 7 月	财政部 国家税务总局关于取消部分商品出口退税的通知	取消了部分钢材、有色金属、农药、银粉、酒精、化工、部分塑料及制品、橡胶及制品、玻璃及制品等退税率
2015 年 1 月	财政部 国家税务总局关于调整部分产品出口退税率的通知	提高部分高附加值产品、玉米加工产品、纺织品服装的出口退税率；取消含硼钢的出口退税；降低低附加值产品的出口退税率

我国现行的出口退税政策主要是对两类产品提高退税率：第一类是传统的劳动密集型产品，虽然附加值低，但出口量大，有利于增加就业；第二类是高新技术产品，附加值较高，有利于提高产品出口竞争力。同时，对于"两高一资"、低附加值的产品实行低退税率或取消退税率的政策。为了更充分考察差别化退税率的结构性影响，对于每一次政策调整，除了将所有调整商品作为实验组，本书还对其中的几类代表性商品进行专门考察。对于 2007 年 7 月的政策调整，进一步分为"两高一资"产品和易引起贸易摩擦的商品；对于 2010 年 7 月的政策调整，进一步关注钢材类商品的政策效果；对于 2015 年 1 月的政策调整，进一步关注高附加值产品、纺织品服装的政策效果。

---

①　虽然亚洲金融危机发生后，我国于 2008 年 7 月至 2009 年 4 月期间连续多次上调部分商品的退税率，但由于调整过于频繁、每次调整的商品种类差异较大，因此不适合进行倍差法检验。

实证结果如表 5-8 所示。从整体情况看，出口退税率下调对于抑制出口的效果不明显，如 2007 年和 2010 的所有商品的 β_3 均不显著；但退税率上调对出口的促进作用则非常显著，如 2015 年。可见我国的出口退税率政策效果具有非平衡性，拉动出口的作用超过抑制出口的作用。其主要原因在于，在出口增长旺盛的背景下，有利因素的作用被进一步放大，推动出口更加快速增长，相反制衡因素的作用则被削弱，仅靠出口退税政策本身难以起到控制出口增长的作用。从局部考察看，与白重恩等（2011）的结论类似，即通过降低出口退税率的方法来控制"两高一资"等国家不鼓励出口的商品，其政策效果不明显，但对于易引起贸易摩擦的商品其限制效果则较为显著。从具体行业看，钢铁行业的出口退税率下调效果不明显，而纺织品服装行业的出口拉动效果则较好。其原因可能在于，纺织品服装行业的中间品投入占比较高，出口退税对产品成本进而企业利润的影响较大，从而对企业生产决策的影响较为明显。

表 5-8　　　　　2007~2015 年我国不同产品出口退税率调整分析

变量	2007 年 7 月 所有调整商品 (1)	"两高一资"商品 (2)	易引起贸易摩擦的商品 (3)	2010 年 7 月 所有调整商品 (4)	钢材 (5)	2015 年 1 月 所有调整商品 (6)	高附加值产品 (7)	纺织品服装 (8)
T_t	-0.062** (0.028)	-0.061** (0.027)	-0.071** (0.030)	-0.046** (0.037)	-0.067* (0.029)	0.071** (0.053)	0.059** (0.031)	0.067** (0.041)
G_i	-0.006 (0.029)	-0.016 (0.027)	0.056 (0.034)	-0.007 (0.045)	0.033 (0.041)	0.009 (0.035)	0.008 (0.040)	0.0062 (0.040)
$T_t \times G_i$	-0.036 (0.031)	0.035 (0.039)	-0.168*** (0.044)	-0.043 (0.051)	-0.112 (0.027)	0.031** (0.039)	0.038** (0.042)	0.042** (0.057)
常数项	0.268*** (0.042)	0.223*** (0.049)	0.314*** (0.031)	0.314*** (0.045)	0.347*** (0.041)	0.356*** (0.047)	0.297*** (0.039)	0.312*** (0.047)
月度虚拟变量	Yes	Yes	Yes	Yes	Yes	Yes	Yes	Yes
年度虚拟变量	Yes	Yes	Yes	Yes	Yes	Yes	Yes	Yes
类别虚拟变量	Yes	Yes	Yes	Yes	Yes	Yes	Yes	Yes
调整后的 R2	0.115	0.162	0.117	0.121	0.099	0.135	0.158	0.134
Prob > F	0.000	0.000	0.000	0.000	0.000	0.000	0.000	0.000

注：*、**、*** 分别表示在 10%、5%、1% 水平显著；括号内为标准误。

2. 出口退税对于出口产品结构的影响——基于Panel数据分析方法的检验

一国的产业结构可以按照产业投入的不同生产要素的密集程度来进行分类。根据劳动力、资本和技术三种生产要素在各产业中的相对密集度，把产业划分为劳动密集型、资本密集型和技术密集型产业。从2004年开始国家对出口退税政策进行的历次调整增加了优化产业结构、减少贸易顺差的政策目标。出口退税通过差异化的出口退税率，限制高耗能、高污染、资源型产品出口，提升高附加值、高技术含量产品在出口中所占比重，进而实现优化出口商品结构，促进产业结构升级的目标。

出口退税政策的制定和实施是一个系统过程，需要和政府其他的经济政策相互协调配合才能发挥应有的作用。下面运用面板数据模型来分析衡量出口退税政策优化我国出口商品结构和产业结构的效果。

面板数据是将截面数据与时间序列数据综合起来，按照时间序列和截面两个维度排列，同时考虑变量在时间和截面两个层面上的变化规律与相互关系的一种统计分析模型。这种模型既能考虑横截面数据存在的共性，又能分析模型中横截面因素的个体特殊效应。

产业结构的调整，既受到各行业自身因素的影响，也受到国家在不同时期宏观经济政策的影响。某一时点一国产业结构的格局是一个历史阶段各种因素作用的结果。如果只选用截面数据这样的静态数据，即只选择了同一时间（时期或时点）上不同行业的数据作为样本观测值，只能分析各行业不同的自身因素对产业结构的影响；如果按照时间顺序只选用时间序列数据，即只选择不同时间上的各行业数据作为样本观测值，虽然有利于分析国家的宏观政策变动对产业结构的影响，但不能分析不同行业情况对产业的影响，均有一定的片面性。如果采用面板数据，选择不同时间上的不同行业的数据作为样本观测值，则可以很好地兼顾分析不同行业的自身因素变化及国家的宏观政策变动对产业结构的综合影响。

考虑不同出口行业的出口占比存在着差异，且各个行业对出口退税率变化的敏感程度不一，故采用变系数模型，用截距的变化来考察不同行业出口占比的差异，用斜率的变化来考察各个行业对出口退税率变动的敏感程度，来分析近些年出口退税率的变化对产业结构的优化作用。建立如下模型：

$$EX_{it} = \delta_i + TR_{it}\beta_i + \theta_{it} \quad (5-5)$$

其中，EX_{it}表示第i个出口行业的出口额在第t个时期总出口额中所占的比重；TR_{it}表示第i个出口行业在第t个时期所享受的出口退税率；参数δ_i是该模型的常数项，度量的是不同出口行业内部的自身结构；β_i是出口退税率的系数，度量的是不同出口行业受出口退税率变化的影响程度；参数θ_{it}为模型的误差项。

由于我国外贸出口涉及的行业较多，故选取一些代表性的出口行业进行分析。国际上一般采用国际贸易标准分类（SITC）标准，将出口产品划分为初级产品和工业制成品。我国则习惯性地按生产要素投入程度分为资源密集型、劳动密集型和资本技术密集型等行业。此处分析选择我国四类主要的出口行业，分别是劳动密集型行业、"两高一资"行业、高新技术行业和机电行业。其中，劳动密集型行业选取服装及衣着、纺织纱线及织物这两类代表产品，"两高一资"行业选择钢材这一类产品（见表5-9）进行模型分析。2004年以来，这四类行业的出口额合计占比达70%以上，非常具有典型性。

表5-9　　　　　2004~2016年我国主要出口行业的出口退税率　　　　单位：%

年份	服装及衣着	纺织纱线及织物	钢材	机电产品	高新技术产品
2004	13	13	13	13	17
2005	13	13	13	13	17
2006	13	13	8	13	17
2007	11	11	5	13	17
2008	13	11	5	13	17
2009	16	13	9	14	17
2010	16	13	0	15	17
2011	16	13	0	15	17
2012	16	13	0	15	17
2013	16	13	0	15	17
2014	17	13	0	15	17
2015	17	17	0	17	17
2016	17	17	0	17	17

资料来源：根据中国出口退税咨询网以及由历次国家调整出口退税率的政策文件整理所得。

在出口退税率数据选择方面，因为行业内部各类产品不一，很难获得统一的数据，因此把这一行业内部具有代表性的、能反映本行业调整趋势的产品出口退税率作为本书研究的数据。

实证部分的样本数据主要选取 2004~2016 年数据，通过固定效应模型来进行科学的参数估计，截面数据所产生的异方差影响应尽可能降低，因此会对模型运用加权估计。而在估计系数协方差时，将采用怀特时期稳健系数方差估计方法。

使用 EViews7.2 作为实证的计量工具，得到初步结果为 R^2 为 0.912537，但 DW 的检验值仅仅只有 0.743291，表明存在自相关。为了消除序列相关，在模型中加入 AR（1）作为不变系数之后再进行计量估计（见表 5-10），得出 R^2 达到了 0.954329，DW 值变为 1.839457，很好地消除了自相关，各个参数都达到高度显著。

表 5-10　　　　　　加入 AR（1）后的估计结果

变量	Coefficient	Std. Error	t-Statistic	Prob.
C	19.75509	0.291754	67.71157	0.0000
AR(1)	0.663822	0.091741	7.235837	0.0000
Fixed Effects (Cross)				
_FUZ－C	－12.68907			
_FANGZ－C	－15.14333			
_GANGC－C	－14.08568			
_JID－C	33.67208			
_GAOX－C	8.246008			

最终回归分析参数估计如表 5-11 所示。

表 5-11　　　　　　面板数据模型实证结果

行业类型		系数 β	T-value	P-value
劳动密集型行业	服装及衣着附件	0.446412	39.86078	0.0000
	纺织纱线及织物	0.203184	38.16396	0.0000
"两高一资"行业	钢材	0.416035	2.975714	0.0042
机电产品		0.723125	43.69615	0.0000
高新技术产品		0.516241	32.85830	0.0000

由表 5-11 的实证结果，可以发现出口退税率的调整对我国出口产品结构产生以下效应。

第一，所选取的具有代表性行业的系数均为正数，说明出口退税率的变动与我国主要出口行业的出口占比呈正相关。当提高该行业的出口退税率时，对出口企业而言会减少相应的出口成本，进而刺激该行业的出口，其在总出口额中所占的比重也相应增加。

第二，对劳动密集型行业的影响。当出口退税率提高 1% 时，我国服装及衣着附件出口比重上升 0.446412%，纺织纱线及织物出口比重上升 0.203184%。该行业的出口退税率理论上应该降低，以减少劳动密集型行业产品的出口，但该行业同时可以为大量人口提供就业机会，因此，当 2008 年出现金融危机时，为了缓解出口困境，国家选择多次提高服装出口退税率，部分产品的出口退税率已高达 17%。而又因 2009~2014 年纺织品服装出口持续低迷、国际竞争力较弱等原因，我国继续将部分纺织品服装的出口退税率从 16% 提高到 17%，增强了以纺织业为主的出口企业的议价能力，共享出口退税率提高所带来的政策性红利。当然，减少劳动密集型行业的出口不能全依靠减少出口退税率来调整，还要通过其他的方式方法寻求发展之路。

第三，对"两高一资"产品行业的影响。通过分析钢材产品的系数发现，其对出口退税率变动的敏感度达 0.416035，即每减少 1% 的出口退税率，钢材出口占比便会下降近 0.416035 个百分点。在当前积极推进供给侧结构性改革背景下，努力解决钢铁产能过剩问题成为改善我国整体出口产品结构的重中之重。对于"两高一资"产品，我们不仅应该积极降低整体出口退税率，更应该就产品内部实施差异性出口退税率。对于技术含量高的可以适当提高出口退税率，推动出口企业积极转型，而对于技术含量低、污染严重的产品取消出口退税，必要时可以采取出口征税，这样才能进一步改善我国的出口产品结构。

第四，对机电产品的影响。当出口退税率提高 1% 时，机电产品出口比重上升 0.723125%。其系数在实证研究的 5 个行业典型代表产品中是最大的，表示出口退税率的调整对机电产品优化效果最为明显。

第五，对高新技术产品的影响。当出口退税率提高1%时，高新技术产品出口比重上升0.516241%。我国对高新技术产品的出口退税率长期保持在17%的水平，充分展示了国家对高新技术产业的扶持。在高出口退税率的支持下，我国应提高自身的自主创新能力，培育核心技术，为出口产品结构转型奠定良好基础。

3. 出口退税对于出口产品结构的影响——基于纺织服装行业的检验

基于上述分析，本书进一步以纺织品服装行业为例，考察出口退税率政策调整对具体行业出口的影响。主要原因有以下几点。第一，该行业是我国的传统出口优势行业，出口规模大，对于拉动出口增长具有重要作用。第二，纺织业是劳动密集型行业，尽管其技术水平和出口利润率都不高，但在解决就业方面发挥了巨大作用。第三，纺织业出口价格弹性大，出口退税政策的调控作用明显。出口对纺织业增长的拉动作用高达45%，并且该行业面临的国际市场通常是完全竞争市场，需求价格弹性大、利润空间小，出口退税率的高低对行业利润及产量影响明显。第四，纺织品是贸易摩擦的焦点之一，是出口退税的重点调控行业。近年来，发达国家相继以技术壁垒、绿色壁垒、劳动壁垒等为由，对我国的纺织品出口设置障碍。尤其是金融危机以来，纺织业成为各国贸易保护措施的重点。第五，纺织行业容易受到外部因素的影响。我国纺织行业出口商品通常技术水平较低，缺乏自主品牌，受外部需求影响较大。例如，在2008年全球金融危机中纺织品出口受到严重影响，2008年同比下降6.2%，2/3的企业亏损或处于亏损边缘。随着我国劳动力、能源、原材料等要素价格上涨，人民币升值压力，以及来自其他出口国的竞争压力不断增加，我国纺织品的出口竞争力正在逐步下降。

基于以上原因，纺织业成为我国出口退税率调整最为频繁的行业之一。如表5-12所示，几乎每次退税率调整都会涉及纺织业，不仅变动频繁而且退税率变动情况较大，大致在5%~17%。这为研究出口退税的政策效果提供了有利条件，因此本书将其作为代表性行业进行考察。

表 5-12　　1985~2015 年纺织品行业历次出口退税率调整

时间	调整原因	出口退税率（%）
1985 年 4 月	出口退税制度实施	13
1994 年	增值税暂行条例实施，纺织品全额退税	17
1995 年 7 月	减轻财政负担，年内 2 次下调，从 17% 到 13% 再到 10%	10
1996 年 12 月	再次下调	6
1998 年 1 月	应对亚洲金融危机	11
1999 年 1 月	再次上调	13
1997 年 7 月	再次上调	15
2001 年 7 月	再次上调	17
2004 年 1 月	减轻财政负担，退税由中央和地方共同负担	13
2006 年 9 月	减轻财政负担，减少贸易顺差和贸易摩擦	11
2007 年 7 月	再次下调	部分下调至 5
2008 年 8 月	为应对全球金融危机	13
2008 年 11 月	再次上调	14
2009 年 2 月	再次上调	15
2009 年 4 月	再次上调	16
2015 年 1 月	出口竞争日益激烈	17

资料来源：根据历年国家调整出口退税率的政策文件整理所得。

基于模型 1 动态多元回归的结果如下所示，可见出口退税政策对纺织服装行业有着十分显著的政策效果，并且提高退税率的效果明显高于下调退税的效果，这进一步与倍差法的结论互相印证。同时与表 5-4 的回归结果相比，出口退税对纺织服装行业的调控效果更为明显，出口退税率每提高 1 个百分点，出口额相应增长 0.57 个百分点。

$$\ln Export_t = 0.399 + 0.573\ln Rebate_t + 0.089 d_1 \ln Rebate_t \\ - 0.043 d_2 \ln Rebate_t - 0.417\ln ER + 0.198\ln GDP_d \\ + 0.577\ln GDP\_f$$

5.3　微观层面：出口退税政策对企业行为的影响

随着微观数据的逐步积累和丰富，近几年一些研究开始进行企业层面的实证考察。例如，钱学锋等（2015）基于企业层面的微观数据考察了开放经济条件下出口退税对企业出口行为和绩效的影响；刘怡和耿纯（2016）发现出口退税促使企业通过提高研发投入提升了出口产品质量；靳玉英和胡贝贝（2017）考察了出口退税对企业出口持续性的影响。总体而言，出口退税对企业行为的影响主要是通过降低税收成本和提高企业税后利润来实现的。但是出口退税能在多大程度上降低产品成本、提高企业产量还受到很多其他因素的影响，如边际产出效应、融资约束等，企业的实际产出扩张能力可能受到限制；受地方政府退税效率、政企关系等因素影响，企业实际获得退税优惠可能要打些折扣；受外部需求、市场竞争、技术水平、原材料供应等因素影响，出口退税降低生产成本的效应有可能被抵消；在企业研发决策和技术创新方面，出口退税能起到的推动作用通常弱于其他内外部因素。因此，出口退税对企业生产经营决策的影响受到众多因素的影响存在不确定性。一些研究表明出口退税率的提高对出口企业的利润率作用相对有限，如周琢和陈钧浩（2016）同时考虑出口退税和汇率变动，发现出口退税对企业利润率的影响不如汇率变动明显。此外，出口退税对企业利润更多是以间接和隐性的方式发挥作用，目前的实证方法在分离出口退税作用效果方面还存在较大的改进空间，对相关政策效应的实证检验容易存在偏差。

出口退税对企业层面的影响，表现为出口退税既对企业具体的生产经营决策有影响，也对企业的发展战略产生影响。尤其是出口产品附加值较低的传统产品的小规模生产企业，利润水平低，成本的小幅上升可能造成市场份额的大幅度减少，还有些仅靠出口退税来维持运转，因此政策的变动会引起企业的生产经营产生较大的波动。

出口退税政策对企业层面生产经营的影响体现在生产成本、出口量或出口额、企业利润。出口退税可以降低企业税收负担，提升企业盈利空间。彻底的出口退税鼓励和刺激企业出口。如果退税力度减弱甚至取消，影响出口产品价格，减弱出口产品竞争力，降低企业经营利润，影响企业扩大出口的积极性，有些企业就会被迫出局。

出口退税政策对企业利润的影响主要体现在两个方面：一是通过降低成本从而提高利润；二是对资金周转的影响。企业生产的终极目标是追求利润最大化。按照经济学原理，企业利润最大化的条件是产品的边际收益等于边际成本。对于出口企业，如果出口产品的边际收益小于边际成本，无法实现利益最大化，企业可能就会放弃国际市场，甚至停产歇业。政府对出口产品实行退税，帮助企业降低出口产品的成本，增加出口盈利，就能促进企业扩大生产规模，生产出更多的出口产品。给予的出口退税率越高，刺激出口企业扩大生产规模的作用就越显著。此外，出口退税是否及时也会直接影响企业的资金周转速度，尤其是资金压力比较敏感的小微出口企业，企业的生存主要就靠出口退税获得的那部分利润。

出口退税政策的调整可以引导企业优化产品结构，提高出口效益。对于出口企业来说，根据出口退税政策的调整方向，相应调整企业内部的产品结构、降低物耗，提高劳动生产率，加快固定资产的更新换代，提升产品的技术含量，走产品创新和品牌战略之路，增强企业的国际竞争力。此外，借助差别性的出口退税政策对资源性产品予以控制，可以引导高耗能、高污染和低附加值资源型的企业调整产品的能源消耗结构，向"两低一高"逐步转型，提高产品的附加值和核心竞争力。

任何政策或制度都不可避免地存在两面性。出口退税政策也是一把"双刃剑"，对企业的影响有积极的一面，出口退税政策已不仅是鼓励出口的一项措施，对企业增强产品核心竞争力、优化产业结构等方面也有一定的促进作用。消极的一面则表现为，出口退税政策也会造成国际市场的无序竞争，加剧国家间的贸易摩擦，频繁调整出口退税率也不利于企业的长期经营发展，还有出口退税程序上的不完善所产生的一系列骗税行为等问题。我国实行较高的出口退税率，一方面有利于降低企业的产品成本，但另一方面又为部分生产能力低下的企业提供了有利可图的保证，不利于企业公平竞争和优胜劣汰。由于受高额出口退税率的刺激，部分企业会盲目扩大规模生产更多低附加值、能耗高、污染大的产品，竞相低价出口无序竞争，不把经营管理的重心放在科技创新上，这必将不利于企业的长远发展，也给地方政府带来沉重的财政负担。与东南亚国家越南、泰国相比，我国的纺织品贸易在劳动力成本方面并不具有竞争优势，主要依靠高额的出口退税才能在国际市场上占有一定的份额。

由于经济形势在不断变化，国家应国内外经济形势所迫，频繁变动出口退税政策，也会加大企业的运营风险。从长远的角度上看，大型的进出口企业能通过改革生产技术、促进产业升级等方式降低成本，能够较快地适应政策变化而产生的市场变化。而中小企业由于在市场所占份额较小，适应能力也相对低下，尤其是在政策调整出口退税率幅度较大，还有可能叠加人民币汇率的双重变化时，没有为企业预留过渡期，有些企业要么独自承担成本上升带来的经济损失，要么单方终止已签订的出口合约承担信誉损失，这对于规模小、成本高的中小出口企业来说将是沉重的打击，必然使部分企业被淘汰出局。

本书对微观层面的实证考察主要从贸易方式和企业性质两个方面展开，原因是与对具体生产经营决策的影响相比，出口退税与企业这两个方面特征的关系更为直接和显性。从贸易方式看，我国的出口贸易可分为加工贸易和一般贸易，前者又进一步分为来料加工和进料加工两种方式。由于中间品投入和增值税等事项在生产函数中所占的比例不同，出口退税带来的成本降低效果存在差异。从增值税征收情况来看，通常"不征不退"的来料加工贸易不受出口退税政策的影响，进料加工贸易由于只对国内原材料部分实行退税，其所受影响也小于一般贸易（范子英和田彬彬，2014）。而且钱学峰等（2015）认为，由于出口退税计算方法等原因，加工贸易企业实际享受的退税水平往往高于一般贸易企业。加工贸易曾经在我国出口贸易中占主导地位，但在政府的引导支持下，从近年来出口结构的发展趋势看，一般贸易的占比在逐渐提升，2017 年为 83 325 亿元（54.35%），加工贸易的占比逐渐减低，2017 年为 51 381 亿元（33.51%）。从企业性质看，出口企业一般分为外商投资企业、国有企业、民营企业三大类（见表 5-13），企业背景的不同使其在政策优势和出口策略方面存在差异。例如，出口企业以外商投资企业和民营企业为主，2017 年出口值占比分别为 43.17% 和 44.37%。其中外商投资企业以加工贸易为主，占比高达 58.99%；民营企业和国有企业则以一般贸易为主，高达 76.65% 和 57.28%；国有企业虽然规模占比不高，但在政策和资源支持方面却具有明显优势。有学者研究认为，一般来说，以一般贸易为主的企业受出口退税政策调整的影响更为直接。从历年出口退税政策的调整来看，对民营企业影响最甚，对国有企业的影响也相对明显。

表5-13 2017年我国外贸出口企业结构情况 单位：%

类型	合计	国有企业	外商投资企业	民营企业
出口总值	100.00	10.23	43.17	44.37
一般贸易	54.35	57.28	29.17	76.65
来料加工	3.53	5.38	5.66	1.10
进料加工	29.98	13.22	58.99	6.75

资料来源：国家统计局网站。

为考察出口退税对企业行为的影响，本书将在前述实证方法的基础上，按照不同的贸易方式和企业类型进行分样本回归，比较其政策效果的差异，具体结果如表5-14所示。从贸易方式看，一般贸易和进料加工贸易都受到退税率调整的影响，但相比之下，进料加工贸易受出口退税的影响更大，尤其是退税率上调时。从企业性质看，外商投资企业和民营企业受退税调整的影响较明显，国有企业的出口则保持稳定，较少受到退税等外在因素影响。民营企业的受影响程度相对轻于外商投资企业，其原因有可能是民营企业所实际获得的退税优惠要低于预期，这一点从退税率下调时民营企业的出口下降更多的现象可以得到印证。与靳玉英和胡贝贝（2017）的结论类似，总体上出口退税对企业经营具有一定影响，但其政策效果因企业性质、行业特性的不同而有明显差异。

表5-14 按照贸易方式和企业性质分样本回归结果

变量	全样本	贸易方式		企业性质		
		一般贸易	进料加工贸易	国有企业	外商投资企业	民营企业
ln$Rebate$	0.471*** (3.127)	0.231** (2.673)	0.568*** (3.854)	0.189* (2.152)	0.534*** (4.213)	0.298** (2.578)
d_1_ln$Rebate$	0.132* (2.568)	0.114* (2.173)	0.296** (2.691)	0.197 (1.573)	0.276** (2.674)	0.144* (2.180)
d_2_ln$Rebate$	-0.021 (-0.757)	-0.443 (-0.958)	-0.031 (-0.569)	0.005 (1.127)	-0.139 (-1.452)	-0.130* (-1.863)
lnEX	-0.283* (-2.162)	-0.226* (-1.983)	-0.274* (-2.107)	-0.105 (-1.533)	-0.189 (-1.769)	-0.216* (-2.337)
lnGDP_d	0.293** (2.694)	0.287** (2.744)	0.196 (1.538)	0.114 (0.983)	0.139* (1.763)	0.295** (2.427)

续表

变量	全样本	贸易方式		企业性质		
		一般贸易	进料加工贸易	国有企业	外商投资企业	民营企业
$\ln GDP\_f$	0.516** (2.894)	0.433** (2.534)	0.468** (2.769)	0.218* (1.974)	0.455** (2.752)	0.389** (2.108)
月度虚拟变量	Yes	Yes	Yes	Yes	Yes	Yes
年度虚拟变量	Yes	Yes	Yes	Yes	Yes	Yes
Adj_R^2	0.974	0.889	0.964	0.813	0.957	0.932
F	491.42	257.83	401.85	158.44	396.33	301.48

注：*、**、*** 分别表示在10%、5%、1%水平显著；括号内为标准误。

5.4 结论

第4章与第5章对我国出口退税政策的成本和效益进行了理论、实证两个方面的分析。总体而言，出口退税能够较好地促进出口总量增长、调节出口产品结构，并对企业经营具有一定影响，同时该政策在制度设计和实际执行方面也存在一定缺陷。具体而言，其政策效果主要有以下方面特点：一是针对性，出口退税政策能够有效地促进出口增长，与汇率和关税等贸易调控手段相比，其政策效果更为直接、迅速、有效。二是短期性，出口退税的刺激效果主要体现在短期，随着时间推移其边际效应逐渐减弱。影响我国出口的长期因素仍然是外需、汇率、企业生产效率和在国际市场的相对价格等。三是宏观性，出口退税的政策效果主要体现为对出口总量和结构的调节作用，对企业微观行为的影响则较为间接和隐性。四是非对称性，出口退税的贸易促进效应具有异质性或非平衡性特点，一方面，出口退税对不同行业、不同贸易方式、不同性质出口企业的政策效应是不同的，其中纺织服装等行业、加工贸易、外商投资和私营企业对退税率变动更为敏感；另一方面，退税率上调的刺激出口效果大于退税率下调抑制出口的效果，政策效果不对称。五是条件性，出口退税政策效果不仅取决于退税率自身的高低，而且还受到很多外在因素的影响，如市场需求、竞争情况、企业生产函数等，是各种因素综合决定的结果。在不同的经济领域出口退税的效果具有结构性差异,有的政策链条短,作用直接而且稳定;有的政策链条长并具有很大的不稳定性。而且退税率一旦达到全额退税的上限约束,未来就不再有向上调整空间。六是单一性,在出口退税的多项政策目标之中,在既定条件下往往只能实现某一特定目标,如经济危机时期,往往注重保出口总量淡化结构调整任务;在贸易顺差时期,结构调整则重新提上日程。

基于此,本书认为,未来应继续发挥出口退税在贸易调节方面的重要作用,同时要认识到出口退税并非万能,而是存在固有缺陷,需要在全面认识出口退税政策特性的基础上进一步优化制度设计,合理确定政策边界,从粗放式向精细化转变,提高决策的科学性、合理性,扬长避短,提高政策效率。针对上述分析,建议未来从以下几个方面加以改善。一是突出出口退税的短期优势,在中长期则要通过合适的政策工具组合来调节贸易的长期均衡发展。二是根据行业、企业和产品特点实施差异化的退税政策,有针对性地加强在退税率敏感领域的运用,如纺织服装业、加工贸易、外商投资企业、低附加值产品等,对退税率调整不敏感的行业则通过其他政策手段实现调节。三是简化政策目标,减少政策消耗。在合理的范围内,出口退税政策能够发挥较好的积极效应,超出了合理范围则可能弊大于利。建议出口退税的政策目标集中在调整出口规模和出口结构,对于作用链条较长的一些其他目标,如以提高退税率来促进产业升级、推动企业创新等,由于其政策"投入产出比"较低,更适合采用其他有效手段来实现。四是细化退税设计,提高政策有效性。差异化不仅体现为退税率的差异,还取决于退税结构各环节的设计方式,如退给谁:哪些企业、行业、产品可享受退税,是对产成品退税还是中间投入品出口退税;如何退:免、抵、退、补如何组合应用才能既实现退税目的又不触发国际贸易规则;何时退:什么样的时点或条件背景下可实施退税问题。五是加强顶层设计,提高政策的稳定性。我国在实施出口退税方面的一大问题是政策变动频繁,虽然有利于快速实现宏观调整目标,但同时不利于企业形成稳定预期,或者造成资源浪费。建议在综合权衡政策成本收益的基础上,形成合理稳定的政策框架。在出口退税有效边界之外的部分,可以与其他政策合理搭配实施,提高政策的整体效应。六是改善退税管理和执行效率,提高企业实际能享受到的退税优惠空间。总之,出口退税的实施效果有赖于科学合理的制度设计和切实有效的政策执行,未来随着相关研究的深入,出口退税政策有望进一步完善,为宏观调整发挥更重要的作用。

第6章

基于平衡计分卡方法的出口退税政策绩效评价指标体系的构建

采用平衡计分卡方法进行业绩评价,先要解决两个重要问题:一是设计评价指标;二是确定不同指标的权重。指标的设计要根据评价对象的战略目的、评价主体的特点等,权重的设置也要科学、合理,否则都会导致绩效评价的结果有很大的差异。

由于政府部门与企业有很多不同的方面,在采用平衡计分卡方法进行公共部门绩效评价时,将四个维度综合在一起进行评价变得更加困难。但平衡计分卡以战略任务目标为核心的管理思想,与其他评价方法相比具有更多的优势。考虑我国政府的特殊性、出口退税政策的多元目标性、财政绩效评价的特殊性等因素,在对出口退税政策进行绩效评价时,有必要对平衡计分卡研究方法的框架做必要的修正,拟分别从出口退税直接带来的经济效应(财务维度),对出口企业(出口贸易)及进口国的影响(客户维度),出口退税政策的制定和调整、管理流程(内部管理维度),出口退税各职能部门的协调及执行人员的创新与发展(学习与成长维度)四个维度作为一级指标,下面设置若干个二级指标并赋予不同的权重,来构建我国出口退税政策绩效评价的指标体系。

第6章 基于平衡计分卡方法的出口退税政策绩效评价指标体系的构建

6.1 平衡计分卡评价指标建立的原则和要求

6.1.1 指标选取的原则

选取指标进行绩效评价一般需要遵循以下原则：效率性原则、公开性原则、可比性原则、全面性原则、定性与定量指标相结合原则等。按照可比性原则，选取的评价指标时应该注意各项指标在口径、范围上的一致性，评价指标既要满足纵向上的可比性，也应该满足横向上的可比性。同时，在选取绩效评价指标时也应该注意所选取的指标应该尽量与不同时期、不同评价方法所选取的评价指标保持一致。按照全面性原则的要求，绩效评价的指标应该能够综合反映投入所带来的直接产出、经济效益和社会效益等多方面的影响，并且指标与指标之间也应该是相互联系、相互补充，具有严密的逻辑性。同时，作为一个相对完整的绩效评价体系，不仅要能对某一时点的绩效进行评价，而且还应该能够反映绩效的动态变化。此外，指标设计时也应该考虑定性指标与定量指标相结合的原则。定性指标比较直观，具有确定性的优点，同时在指标的收集过程中也具有形式上的直观性和可比性。但是，由于绩效评价工作相对比较复杂，在评价过程中并不是所有的指标都可以用定量指标来衡量，所以就必须引用定性指标来进行补充。同时采用定量指标与定性指标来进行绩效评价，既能体现两者的优势又能弥补单一评价指标的不足，从而能够保证绩效评价工作更加客观。

6.1.2 指标选取的要求

采用平衡计分卡方法对我国出口退税政策进行绩效评价，首先应该明确我国近期出口退税政策的战略目标，根据所确定的战略目标，分解出可以使战略目标成功的关键因素，然后从关键的因素出发，创立反映关键影响因素的重要绩效指标，最终实现分析我国出口退税政策绩效的目标。

要充分了解相关政策的使命，政策目标决定了绩效评价的范畴。以政策使命和目标为出发点，能够为政策在经济效益与社会效益之间的权衡与取舍提供保障，可以避免绩效评价流于形式。由于所处的外界环境总是在不断发展变化、相互影响、相互作用，尤其是最近几年，国内外政治形势、外贸发展等面临越来越复杂的环境，我国国民经济和对外贸易的发展面临着诸多困难，政府职能不断转变，税制改革不断推进，公民意识不断增强等，这就要求在进行绩效评价时要充分了解并正确分析外部环境，对绩效评价指标做出科学合理的确定。

对出口退税进行绩效评价指标构建时，既要考虑使构建的绩效评价指标是一个全面、完整的评价体系，又要分清影响绩效评价因素的主次问题，只有真正找到影响绩效评价的关键因素，才能构建合理、恰当的绩效评价指标体系。这样不仅可以使出口退税绩效评价结果的使用者对绩效水平有一个完整清晰的认识，也能够通过分清主次因素来达到节约成本、提升绩效的目的。

出口退税绩效评价体系是一个相对开放的体系，各个指标之间不是分散、无逻辑联系的。指标选取的不同，评价出来的结果可能就会有很大的差异，甚至可能结论相悖。这就要求我们进行指标选择时应该从宏观上整体把握，分析不同评价指标产生不同结果的原因，排除不正常因素引起的干扰，以使构建的指标体系能够与外在的环境和政策的使命更加契合。

与其他评价指标体系相比，基于平衡计分卡方法的出口退税绩效评价体系克服了其他财政支出评价体系评价指标过于通用化的不足，针对出口退税政策的特点，设计出更具有针对性和价值性的指标，细化了指标体系，突出了重点与全面结合、定量指标与定性指标相结合的原则。

6.2 出口退税政策绩效评价指标体系构建

6.2.1 财务维度

财务维度主要衡量政策实施的成本与效益。出口退税政策绩效评价

第 6 章
基于平衡计分卡方法的出口退税政策绩效评价指标体系的构建

的财务维度，主要是评价出口退税政策的宏观经济效应和财政效应。国民经济是一个联动的整体，出口退税政策主要是通过出口退税率的变动引起我国企业出口产品的成本及数量变动，影响我国外贸的出口量，刺激出口贸易的增长，进而对宏观经济总量产生影响。以出口退税率提高为例，出口退税率的提高可以降低企业的出口成本和出口价格，能够增强出口产品在国际市场的竞争力，刺激出口产品的国外需求增加，在国内进口保持不变的前提下，使我国净出口增加。通过外贸乘数的作用带动 GDP 的增长。出口退税政策的调整能够调节我国出口规模，缓解由于出口过快增长而引起的国内经济失衡和国际贸易摩擦等问题。因此，从经济效应这个宏观经济的角度来建立财务维度的评价指标，可以设置以下几项指标（见表 6-1）：（1）出口贸易额；（2）出口贸易年均增长率；（3）对外贸易出口依存度，又称对外贸易系数，是指一国的进出口总额占该国 GDP 的比重，反映了一国对国际市场的依赖程度；（4）出口产品结构优化，一国的贸易结构有广义和狭义之分。广义的贸易结构一般是指进出口商品贸易活动要素之间的比例关系及其经济联系，主要表现为进出口贸易的所有制结构、产业结构、行业结构和产品结构等。狭义的贸易结构主要指贸易的产品结构，此处仅指狭义的贸易结构。出口产品结构优化指标主要以机电产品和高新技术产品的出口额占全部出口贸易额的比重来衡量。出口退税还会涉及财政收支效应，主要取决于出口退税产品生产规模的大小。从动态的角度来看，首先，出口退税带来国内相关产品生产规模扩大，社会 GDP 总量和国家税收收入增加；其次，出口退税带来出口产品生产规模的扩大，促进上下游产业的生产扩大，带来原材料、设备等进口增加，产值增长，进口关税和国内税收也会随之增加，进而增加国家的财政收入。从静态的角度来说，出口退税率的变动同财政支出的多少呈同向变动。出口退税是政府收入的减项，出口退税率的调整将影响年度出口退税的规模。若国家财政处于困难的情况，出口退税规模过大，将会导致财政收支的缺口进一步扩大。由此，在对我国出口退税政策进行调整时，应将出口退税率设定在可以接受的一定范围，避免我国财政收支的过度失衡。从财政效应的角度可以设立下列评价指标：（1）出口退税额；（2）出口退税年均增长率；

(3) 年度国内及海关代征的增值税、消费税收入额；（4）出口退税占当年度国内及海关代征的增值税、消费税收入的比重。由于出口退税只涉及增值税与消费税两个税种，因此选择出口退税占当年国内及海关代征增值税、消费税收入的比重而不是当年税收收入的比重可能更为合适。

表 6-1 财务维度指标

一级指标	二级指标	三级指标
财务维度	经济效应	出口贸易额
		出口贸易年均增长率
		对外贸易出口依存度
		出口产品结构优化
	财政效应	出口退税额
		出口退税年均增长率
		年度国内及海关代征的增值税、消费税收入额
		出口退税占当年国内及海关代征的增值税、消费税收入的比重

6.2.2 客户维度

采用平衡计分卡方法进行企业绩效评价时客户是指企业产品的消费者，对公共部门进行绩效评价时客户是指享受公共部门提供公共服务的对象，即社会公众。对政府出口退税政策进行绩效评价时，可以借鉴这种思路，将国家看成是一个"企业"，国家的出口退税政策所影响的"客户"，应该包括两个方面：一是我国的出口企业；二是我国外贸商品的进口国。其中，对我国出口企业的影响应是客户维度层面绩效评价的重要内容。出口退税能够使出口企业的贸易成本降低，盈余增加，加速出口企业资金周转，有利于促进企业出口产品质量提升和产品结构的优化，促进企业的技术进步，提升我国出口企业参与国际市场竞争的能力。出口退税政策影响着外贸企业的出口数量、出口价格、出口产品结构和出口产值等，因此考虑指标的易得性，绩效评价可以设定以下指标来衡

第❻章
基于平衡计分卡方法的出口退税政策绩效评价指标体系的构建

量出口退税政策对外贸企业的影响：(1) 规模以上工业企业产值出口交货值。(2) 规模以上工业企业出口交货增长弹性系数：采用规模以上工业企业出口交货值的年增长率占规模以上工业增加值的年增长率的比值，用于衡量规模以上企业产品出口的增长程度。系数如果为1，表明规模以上工业企业的出口增加值与产值同比例增长。(3) 出口产品技术复杂度指数（technological sophistication index，TSI）：本书主要测算机电出口产品的复杂度指数，采用显示性比较优势指数与人均GDP的乘积来测算，用于衡量出口企业的技术水平及技术进步的程度。(4) 显示性比较优势指数（revealed comparative advantage index，RCA）：主要用于判定一国的哪些产业更具出口竞争力，从而揭示一国在国际贸易中的比较优势，是衡量一国产品或产业在国际市场竞争力最具说服力的指标。由于我国出口产品大多数为机电产品，所以本书采用机电产品的显示性比较优势指数来衡量：$RCA_{机电}$ =（我国机电产品出口额/我国出口贸易总额）/（世界机电产品出口额/世界出口贸易总额）。

另外，我国出口退税政策的调整，势必也影响进口国相关产品进口的数量和结构，进而对进口国同类产品的生产和消费数量、价格和收益等带来影响，可能造成进口国与我国之间对外贸易的摩擦。但是我国产品出口涉及众多的国家且他国的相关数据并不容易获得，基于数据的易得性，对进口国影响的指标可以选择替代指标，如以出口国的出口商品数量、结构及其增长变化，以及进口国与我国的贸易摩擦系数等指标反映本国出口贸易在国际市场的地位及出口增加对他国的影响。因此，国际市场层面的替代指标可以设定为：(1) 国际市场占有率（international market share，IMS），指一国的出口总额或者是某个行业或某类产品的出口额占世界贸易出口总额或该行业或产品世界贸易出口额的比重，可以反映一国出口的整体竞争能力和比较优势，或者是某个行业或产品的竞争能力和比较优势。该指标比例越高说明该国（或该产业或产品）的出口竞争力就越强。(2) 贸易专业化指数（trade specialization coefficient，TSC），或称贸易特化指数或贸易竞争系数，是以一国贸易商品的进出口差额与该国进出口总额的比重，来衡量该国的出口竞争力（见表6-2）。

表6-2　　　　　　　　　　客户维度指标

一级指标	二级指标	三级指标
客户维度	出口企业层面	出口贸易额规模以上工业企业出口交货值
		规模以上工业企业出口交货增长弹性系数
		出口产品技术复杂度指数（TSI）
		显示性比较优势指数（RCA）
	国际市场层面	国际市场占有率（IMS）
		贸易专业化指数（TSC）

出口退税主要涉及的是商品流转税。而我国的税制结构是以商品流转税为主体，商品价格中流转税的比重较大，因此出口退税政策的实施及调整，对我国出口商品价格的影响力度很大，有助于在国际市场上迅速提升我国出口商品的价格竞争力。美国、欧盟等西方国家所得税的占比较高，调整企业的出口退税对出口贸易的影响力度较弱。

6.2.3　内部管理维度

内部管理维度旨在为完成财务维度和客户维度的目标，构建一个高效、合理的管理链条。出口退税绩效如何，在很大程度上取决于出口退税政策的制定、实施与管理状况。出口退税政策要想取得理想的效果，一方面，政府决策部门要严格按照程序，科学、合理地制定规范、适宜的出口退税相关政策；另一方面，政府政策的执行部门也必须要"修炼内功"，加强管理，正确理解、执行相关政策。内部管理维度的绩效评价主要检验出口政策颁布的层级与合规性、政策调整的频度、政策的可操作性、政策是否让执行者和出口企业感受到出口退税的高效率、政策违规频度与程度、出口骗税行为的发生率等。由于内部管理的问题较难进行定量分析，但内部管理需要建立相应的制度予以保障，因此，可以尝试从政策、制度制定的规范性分析入手。此外，可以从出口退税的征收管理及存在的问题来评判出口退税政策的规范性和有效性。因此，考虑指标的可得性，政策制定层面可以设计的评价指标主要包括（见表6-3）：（1）出口退税政策调整频度，在前面的章节已经梳理了历年出口退税政策调整的情况与频

第 6 章
基于平衡计分卡方法的出口退税政策绩效评价指标体系的构建

率,从而评价相关政策的制定和调整对我国出口退税的影响。(2)出口退税工作信息化程度,结合税务机关金税工程的深入开展,出口退税的信息化程度是不断提高的。考虑到量化考核,主要采用国税系统信息化建设支出、信息网络及软件购置更新支出等来衡量,是从工作流程是否优化、合理、高效等方面来评价出口退税政策的效果;从出口退税的各个职能部门的协调配合性、办事效率、可持续发展等来评价政策效果。(3)出口骗税案件的查处户数和查补额,梳理历年出口骗税案件查处的数量和金额,此类案件的年均增长情况。(4)出口骗税查处额占出口退税额的比重,从骗税案件平均的涉案金额、占年度出口退税额的比重,评价现行出口退税政策下出口骗税的严重程度。

表 6-3   内部管理维度指标

一级指标	二级指标	三级指标
内部管理维度	政策制定与执行	出口退税政策调整频度
		出口退税工作信息化程度
		出口骗税案件的查处户数和查补额
		出口骗税查处额占出口退税额的比重

6.2.4 学习与成长维度

在企业的绩效评价中,学习与成长维度所考核的对象是企业的员工,人员素质的高低直接影响绩效目标落实与执行的工作效率。在出口退税政策的绩效评价中,学习与成长维度用于评价我国出口退税政策执行所涉及的各个职能部门,主要是税务工作人员的业务素质、协调配合、工作效率和业务培训等情况。绩效评价的考核指标可以包括(见表 6-4):(1)税务人员学历水平,评价本科以上学历的税务人员的占比;(2)税务人员培训次数,评价税务人员的培训次数或员工培训比率;(3)管理培训经费增长率,评价培训经费的年度增长情况;(4)违纪税务人员数,评价税务人员在办理出口退税工作中存在的违规情况等。相关指标的数据获取途径可来自《中国统计年鉴》、《中国税务年鉴》、《中国税务稽查年鉴》和调研数据等。

表6-4　　　　　　　　　　学习与成长维度

一级指标	二级指标	三级指标
学习与成长维度	税务人员学习成长	税务人员学历水平（本科以上）
		税务人员培训次数
		管理培训经费增长率
		违纪税务人员数

根据以上分析，建立共有4个一级指标、6个二级指标、22个三级指标的财政出口退税政策绩效评价指标体系（见表6-5）。

表6-5　　　　　财政出口退税政策绩效评价指标体系

目标层(A)	一级指标(B1-B4)	二级指标(C1-C6)	三级指标(D11-D64)
财政出口退税政策绩效评价体系	财务维度(B1)	经济效应(C1)	出口贸易额（D11）
			出口贸易年均增长率（D12）
			对外贸易出口依存度（D13）
			出口产品结构优化（D14）
		财政效应(C2)	出口退税额（D21）
			出口退税年均增长率（D22）
			年度国内及海关代征的增值税、消费税收入额（D23）
			出口退税占当年国内及海关代征的增值税、消费税收入的比重（D24）
	客户维度(B2)	出口企业层面(C3)	规模以上工业企业产值出口交货值（D31）
			规模以上工业企业出口交货增长弹性系数（D32）
			出口产品技术复杂度指数 TSI（D33）
			显示性比较优势指数 RCA（D34）
		国际市场层面(C4)	国际市场占有率 IMS（D41）
			贸易专业化指数 TSC（D42）
	内部管理维度(B3)	政策制定与执行(C5)	出口退税政策调整频度（D51）
			出口退税工作信息化程度（D52）
			出口骗税案件的查处户数和查补额（D53）
			出口骗税查处额占出口退税额的比重（D54）
	学习与成长维度(B4)	税务人员学习成长(C6)	税务人员学历水平（本科以上）（D61）
			税务人员培训人次数（D62）
			管理培训经费增长率（D63）
			违纪税务人员数（D64）

6.3 指标权重赋值

按照平衡计分卡方法设计的出口退税政策绩效评价体系，四个维度指标在评价体系中对总体目标有着不同的作用，按作用程度确认的指标权重的大小直接影响评价效果。各维度指标的权重确定通常采用较成熟的层次分析法（AHP），本书亦采用这一方法，努力使出口退税政策绩效评价体系更加科学、合理。层次分析法（analytic hierarchy process，AHP）由美国著名的运筹学家托马斯·塞蒂（T. L. Saaty）教授于20世纪70年代提出，是一种将与决策有关的元素分解成多个目标或准则，进而分解成多方案或指标的多个层次，进行定性分析与定量计算相结合的系统分析方法，主要用于多目标、多准则、多要素的，难以完全用定量方法分析的，较为复杂的公共管理问题的决策分析。具有思路清晰、方法简便、适用面广、系统性强等特点，已普遍运用到企业管理、国民经济管理、社会管理、能源政策和分配、军事指挥与国防建设、环境保护等多个领域。

6.3.1 构建判断矩阵

按照层次分析法，首先根据决策目标的性质，将问题的影响因素分解为不同层次的指标，按照指标间的相互影响或隶属关系聚集组合成一个多层次的分析结构模型。然后在各层次指标中进行两两比较构建判断矩阵。之所以不是将诸多因素放在一起比较，是为了减少不同性质因素一起比较的困难。指标两两比较后给出相对重要性的判断，并将相对重要性通过引入合适的标度值表示出来，写成判断矩阵的形式。对于 n 个元素来说，两两比较得到的判断矩阵 $B = (B_{ij})n \times n$，其中，B_{ij} 表示因素 i 和因素 j 相对于目标的重要值。一般来说，构造的判断矩阵形式见表6-6。

表6-6　　　　　　　　　　　判断矩阵

AK	B_1	B_2	...	B_n
B_1	B_{11}	B_{12}	...	B_{1n}
B_2	B_{21}	B_{22}	...	B_{2n}
⋮	⋮	⋮	⋮	⋮
B_n	B_{n1}	B_{n2}	...	B_{nn}

在该矩阵中，$B_{nn} > 0$，$B_{ij} = 1/B_{ji}$，$B_{ii} = 1$。为了使判断矩阵定量化，常常引用一定的标度。通常采取1~9标度法，数值越高表示越重要，具体见表6-7。两个相邻元素的重要性等级也可以是中间值2、4、6、8，即C_{ij}的赋值 $C_{ij} = \{2, 4, 6, 8, 1/2, 1/4, 1/6, 1/8\}$，表示重要性等级介于$\{1, 3, 5, 7, 9, 1/3, 1/5, 1/7, 1/9\}$，这些数字是依据人们进行定性分析时的直觉和判断力而定的。

表6-7　　　　　　　　　判断矩阵标度及含义

序号	重要性等级	Cij 赋值
1	i，j 两元素同等重要	1
2	i 元素比 j 元素稍微重要	3
3	i 元素比 j 元素明显重要	5
4	i 元素比 j 元素强烈重要	7
5	i 元素比 j 元素极端重要	9
6	i 元素比 j 元素稍微不重要	1/3
7	i 元素比 j 元素明显不重要	1/5
8	i 元素比 j 元素强烈不重要	1/7
9	i 元素比 j 元素极端不重要	1/9
	两相邻判断的中间值	2, 4, 6, 8

6.3.2　各指标权重计算

指标权重计算是要求解所构造矩阵的最大特征值以及与最大特征值对

第❻章
基于平衡计分卡方法的出口退税政策绩效评价指标体系的构建

应的特征向量,并把特征向量进行正规化处理,计算出指标权重。但是,为了保证各权重的合理性以及判断上的逻辑严密性,需要进一步对判断矩阵进行一致性检验,用到的判断指标为 CR。CR = CI/RI,其中,CI = $(\lambda max - n)/(n - 1)$,$\lambda max$ 为最大特征根;n 为判断矩阵的阶数;RI 为层次总排序随机一致性指标,该值为给定值,其与 n 的对应关系见表 6 - 8。如果 CR≤0.1,则认为该判断矩阵具有良好的一致性,如果 CR > 0.1,就需要对该判断矩阵进行修正。

表 6 - 8　　　　　　　　　平均随机一致性指标

矩阵阶数	1	2	3	4	5	6	7	8	9
RI	0.00	0.00	0.58	0.90	1.12	1.24	1.32	1.41	1.45

针对出口退税政策绩效评价指标设计调查问卷,通过知名专家打分,构建三个层级的 9 个判断矩阵,根据常用的 1 ~ 9 标度法,运用专家经验对指标体系中各项指标的重要性及其影响力大小排序,再计算各个指标一致性比率并进行一致性检验,通过检验后计算出特征向量,即为绩效评价体系各指标的权重值。运用层次分析法分配平衡计分卡中各个指标的权重,有利于修正专家打分法的主观性缺陷,让确认的评价指标权重更加科学。

1. 一级指标 (A - B) 判断矩阵

将财务维度、客户维度、内部管理维度和学习成长维度 4 个一级指标按重要性排序,分别赋值。例如,财务维度最重要,财务维度相比较客户维度、内部管理维度和学习成长维度分别是稍微重要、明显重要和强烈重要,分别赋值为 3、5 和 7;反过来,客户维度、内部管理维度和学习成长维度相比较财务维度分别是稍微不重要、明显不重要和强烈不重要,分别赋值则为 1/3、1/5 和 1/7。以此类推,客户维度相比较内部管理维度和学习成长维度的重要程度,分别赋值 2 和 4,反向的赋值为 1/2 和 1/4;内部管理维度相比较学习成长维度的重要程度,赋值 2,反向的赋值为 1/2,然后计算出各个一级指标的权重(见表 6 - 9)。

表6-9　　　　　　　　　一级指标判断矩阵及权重

出口退税政策绩效评价体系	财务维度	客户维度	内部管理维度	学习与成长维度	权重 Wi
财务维度	1	3	5	7	0.5791
客户维度	1/3	1	2	4	0.2326
内部管理维度	1/5	1/2	1	2	0.1213
学习与成长维度	1/7	1/4	1/2	1	0.0670

计算一致性比率 CR = 0.0105 < 0.1，通过一致性检验。

2. 二级指标（B-C）判断矩阵

一级指标财务维度下设2个二级指标，经济效应指标相比较财政效应指标稍微重要，赋值2，反向财政效应指标相比较经济效应指标的稍微明显不重要，赋值1/2，计算出这2个二级指标的权重（见表6-10）。

表6-10　　　　　　　财务维度（B1）判断矩阵及权重

财务维度	经济效应（C1）	财政效应（C2）	权重 Wi
经济效应（C1）	1	2	0.667
财政效应（C2）	1/2	1	0.333

2阶判断矩阵总具有完全一致性，所以通过一致性检验。

一级指标客户维度下设2个二级指标，出口退税政策对出口企业层面指标和国际市场层面指标的影响同样重要，赋值1，反向赋值也是1，计算出这2个二级指标的权重（见表6-11）。

表6-11　　　　　　　客户维度（B2）判断矩阵及权重

客户维度	出口企业层面（C3）	国际市场层面（C4）	权重 Wi
出口企业层面（C3）	1	1	0.5
国际市场层面（C4）	1	1	0.5

同理，该矩阵通过一致性检验。

3. 三级指标（C-D）判断矩阵

在二级指标经济效应下设4个三级指标，出口贸易额指标相比较出口

第6章
基于平衡计分卡方法的出口退税政策绩效评价指标体系的构建

贸易年均增长率指标、对外贸易依存度指标和出口产品结构优化指标的重要性分别赋值8、7和5，反向的赋值为1/8、1/7和1/5，以此类推，将其他指标两两赋值，计算出各个三级指标的权重（见表6-12）。

表6-12　财务维度经济效应（C1）指标判断矩阵及权重

经济效应（C1）	出口贸易额	出口贸易年均增长率	对外贸易出口依存度	出口产品结构优化	权重 Wi
出口贸易额	1	8	7	5	0.6487
出口贸易年均增长率	1/8	1	3	2	0.1603
对外贸易出口依存度	1/7	1/3	1	1/3	0.0607
出口产品结构优化	1/5	1/2	3	1	0.1303

计算一致性比率 CR = 0.0969 < 0.1，通过一致性检验。

在二级指标财政效应下设4个三级指标，出口退税额指标相比较出口退税年均增长率指标、年度国内及海关代征增值税消费税收入额指标及出口退占当年国内及海关代征增值税消费税指标的重要性分别赋值7、3和5，反向的赋值为1/7、1/3和1/5，以此类推，将其他指标两两赋值，计算出各个三级指标的权重（见表6-13）。

表6-13　财务维度财政效应（C2）指标判断矩阵及权重

财政效应（C2）	出口退税额	出口退税年均增长率	年度国内及海关代征的增值税、消费税收入额	出口退税占当年国内及海关代征的增值税、消费税收入比重	权重 Wi
出口退税额	1	7	3	5	0.5737
出口退税年均增长率	1/7	1	1	2	0.1342
年度国内及海关代征增值税、消费税收入额	1/3	1	1	5	0.2203
出口退税占当年国内及海关代征增值税、消费税收入的比重	1/5	1/2	1/5	1	0.0718

计算一致性比率 CR = 0.0928 < 0.1，通过一致性检验。

在二级指标出口企业层面下设4个三级指标，规模以上工业企业出口交货值指标相比较规模以上工业企业出口交货增长率指标、出口产品技术复杂度指数（TSI）指标及显示性比较优势指数（RCA）指标的重要性分别赋值 7、1/2 和 1/2，反向的赋值为 1/7、2 和 2，以此类推，将其他指标两两赋值，计算出各个三级指标的权重（见表 6-14）。

表 6-14　客户维度出口企业层面（C3）指标判断矩阵及权重

出口企业层面（C3）	规模以上工业企业出口交货值	规模以上工业企业出口增长弹性系数	出口产品技术复杂度指数 TSI	显示性比较优势指数 RCA	权重 Wi
规模以上工业企业出口交货值	1	7	1/2	1/2	0.2490
规模以上工业企业出口交货增长弹性系数	1/7	1	1/4	1/4	0.0680
出口产品技术复杂度指数 TSI	2	4	1	1	0.3415
显示性比较优势指数 RCA	2	4	1	1	0.3415

计算一致性比率 CR=0.0744<0.1，通过一致性检验。

二级指标国际市场层面下设 2 个三级指标，国际市场占有率（IMS）指标相比较贸易专业化指数（TSC）指标稍微重要，赋值 2，反向赋值 1/2，计算出 2 个三级指标的权重（见表 6-15）。

表 6-15　客户维度国际市场层面（C4）指标判断矩阵及权重

国际市场层面（C4）	国际市场占有率 IMS	贸易专业化指数 TSC	权重 Wi
国际市场占有率 IMS	1	2	0.6667
贸易专业化指数 TSC	1/2	1	0.3333

2 阶判断矩阵总具有完全一致性，通过一致性检验。

一级指标内部管理维度下的二级指标政策制定与执行下设 4 个三级指标，出口退税政策调整频度指标相比较出口退税工作信息化程度、出口退税案件查处的户数和查补额、出口退税查处额占出口退税额的比重指标的重要性分别赋值 1、2 和 4，反向的赋值为 1、1/2 和 1/4，以此类推，将其他指标两两赋值，计算出各个三级指标的权重（见表6-16）。

表6-16　内部管理维度政策制定与执行（C5）指标判断矩阵及权重

政策制定与执行（C5）	出口退税政策调整频度	出口退税工作信息化程度	出口骗税案件的查处户数和查补额	出口骗税查处额占出口退税额的比重	权重 Wi
出口退税政策调整频度	1	1	2	4	0.3298
出口退税工作信息化程度	1	1	3	5	0.3852
出口骗税案件的查处户数和查补额	1/2	1/3	1	7	0.2220
出口骗税查处额占出口退税额的比重	1/4	1/5	1/7	1	0.0630

计算一致性比率 CR = 0.0959 < 0.1，通过一致性检验。

一级指标学习与成长维度的税务人员成长指标下设4个三级指标，税务人员学历水平指标相比较税务人员培训人次数、管理培训经费增长率及违纪税务人员数指标的重要性分别赋值1、3和4，反向的赋值为1、1/3和1/4，以此类推，将其他指标两两赋值，计算出各个三级指标的权重（见表6-17）。

表6-17　学习与成长维度税务人员成长（C6）指标判断矩阵及权重

税务人员成长（C6）	税务人员学历水平（本科以上）	税务人员培训人次数	管理培训经费增长率	违纪税务人员数	权重 Wi
税务人员学历水平（本科以上）	1	1	3	4	0.3466
税务人员培训人次数	1	1	7	5	0.4540
管理培训经费增长率	1/3	1/7	1	3	0.1273
违纪税务人员数	1/4	1/5	1/3	1	0.0721

计算一致性比率 CR = 0.0871 < 0.1，通过一致性检验。

由此可以得出出口退税政策绩效评价指标的权重，如表6-18所示。

表6-18 基于平衡计分卡方法的出口退税绩效评价指标体系的权重设置

目标层(A)	一级指标(B1-B4)	权重	二级指标C1-C6	权重	三级指标(D11-D64)	权重	占总指标权重
出口退税政策绩效评价体系	财务维度(B1)	0.5791	经济效应(C1)	0.6667	出口贸易额(D11)	0.6487	0.2504
					对外贸易年均增长率(D12)	0.1603	0.0619
					出口贸易出口依存度(D13)	0.0607	0.0234
					出口产品结构优化(D14)	0.1303	0.0503
			财政效应(C2)	0.3333	出口退税额(D21)	0.5737	0.1108
					出口退税年均增长率(D22)	0.1342	0.0259
					年度国内及海关代征的增值税、消费税收入额(D23)	0.2203	0.0425
					出口退税占当年国内及海关代征的增值税、消费税收入的比重(D24)	0.0718	0.0139
	客户维度(B2)	0.2326	出口企业层面(C3)	0.5	规模以上工业企业出口交货值(D31)	0.2490	0.0290
					规模以上工业企业出口交货增长弹性系数(D32)	0.0680	0.0079
					出口产品技术复杂度指数TSI(D33)	0.3415	0.0397
					显示性比较优势指数RCA(D34)	0.3415	0.0397
			国际市场层面(C4)	0.5	国际市场占有率IMS(D41)	0.6667	0.0775
					贸易专业化指数TSC(D42)	0.3333	0.0388
	内部管理维度(B3)	0.1213	政策制定与执行(C5)	1	出口退税政策调整频度(D51)	0.3298	0.0401
					出口退税工作信息化程度(D52)	0.3852	0.0467
					出口骗税案件的查处户数和查补额(D53)	0.2220	0.0269
					出口骗税查处额占出口退税额的比重(D54)	0.0630	0.0076
	学习与成长维度(B4)	0.0670	税务人员成长(C6)	1	税务人员学历水平(本科以上)(D61)	0.3466	0.0232
					税务人员培训人次数(D62)	0.4540	0.0305
					管理培训经费增长率(D63)	0.1273	0.0085
					违纪税务人员数(D64)	0.0721	0.0048

第 6 章
基于平衡计分卡方法的出口退税政策绩效评价指标体系的构建

应用平衡计分卡方法对若干年出口退税政策的绩效进行评价，在具体评分的环节，可以根据搜集的若干年与出口退税相关的指标数据，首先由评价专家对第一年的各项指标给定基础分数，以后各年指标与第一年指标进行比较并评判打分，各年各项指标所得到的分值乘以其占总指标的权重后可以得到各项指标的实际分值，再将实际分值加总，就可以得到当年最后的评分。对若干年的得分再根据专家选定的评分档次来进行出口退税政策的绩效评价。

第7章

出口退税政策绩效评价指标体系的实证检验及政策完善的建议

运用平衡计分卡方法建立出口退税绩效评价的指标体系，尝试对我国 2010~2017 年的出口退税进行绩效评价。为了使各年度的绩效更具客观性和可比性，本章拟选定 2010 年出口退税的相关数据作为基期数据，邀请相关的财税管理部门、教学研究部门、社会中介机构及出口退税的企业等有关的专家、专业人士等对上述年份出口退税的相关数据进行对比、评价、打分，根据各年得分情况评价这 8 年我国出口退税政策实施的绩效。

7.1 实证检验

7.1.1 2010~2017 年我国对外贸易发展情况分析

1. 2010~2017 年我国对外贸易发展的总体情况

分析我国国民经济发展和外贸发展的情况，本章搜集了 2010~2017 年我国的 GDP、出口贸易额等数据，计算出对外贸易出口依存度、出口产品结构优化等指标汇总如表 7-1 所示。从表 7-1 中可以看出，近几年来，我国国民经济始终呈现出持续不断发展的良好态势，GDP 总量从 2010 年的 41.30 万亿元增长到 2017 年的 82.71 万亿元，增长了 1 倍，年均增速 10.4%。2010~2013 年均增速在两位数以上，2014 年以后受世界经济的影响，年均增速下降，但仍达 7% 以上，好于世界其他经济体的发展速度。同期外贸出口由 10.70 万亿元增长到 15.33 万亿元，增长了 43.27%，年均增速 5.27%。2010 年出口贸易增速高达 30% 多，以后增速逐年下降，2015 年、2016 年受国际经济形势下行的影响，我国外贸出口增长呈现负值，2017 年我国采用多种政策刺激外贸出口，增速又出现正速增长。外贸出口不仅受我国国民经济发展的影响，也受到国际形势的影响，外贸出口年度间增幅变化差距较大。

表 7-1　　　　　2010~2017 年财务维度经济效应指标相关的数据

指标		2010 年	2011 年	2012 年	2013 年	2014 年	2015 年	2016 年	2017 年
国内生产总值 (GDP)	总额（亿元）	413 030.3	489 300.6	540 367.4	595 244.4	643 974.4	689 052.1	743 585.5	827 121.7
	增长率（%）	18.319	18.466	10.437	10.155	8.186	7.000	7.914	11.234
出口贸易额	总额（亿元）	107 022.84	123 240.60	129 359.25	137 131.43	143 883.75	141 166.83	138 419.29	153 320.60
	增长率（%）	30.468	15.154	4.965	6.008	4.924	-1.888	-1.946	10.765
对外贸易出口依存度（%）		25.912	25.187	23.939	23.038	22.343	20.487	18.615	18.537
出口产品结构优化	机电产品出口总额（亿美元）	9 334.34	10 855.89	11 793.38	12 652.00	13 107.57	13 107.15	12 090.56	13 214.63
	高新技术产品出口总额（亿美元）	4 924	5 487.9	6 011.96	6 603.3	6 605.43	6 552.1	6 041.7	6 674.43
	二者出口合计额占出口贸易额的比重（%）	90.371	86.093	86.910	87.167	84.161	86.473	86.442	87.868

资料来源：基础数据源于《中国统计年鉴 2018》相关比重指标计算得出。

2. 2010~2017 年我国对外贸易发展的结构分析

根据我国的出口贸易额占 GDP 的比重计算出 2010~2017 年我国对外贸易的出口依存度，以此来反映我国国民经济的发展对国际市场的依赖程度。从这一指标来看，对出口的依存度由 2010 年的 25.912% 逐年下降至 2017 年的 18.537%，表明外贸出口的增幅往往不及 GDP 的增幅，国民经济发展对外贸出口的依赖在下降，这可能得益于近些年来国民经济的供给侧改革、产业结构调整、促进消费升级等政策的实施，投资、消费对国民经济的拉动作用更明显。对外贸易依存度指标在理论界一直就存在着争议，评价不一。根据凯恩斯的乘数理论，一国的对外贸易与投资都对就业和国民经济发展有倍增的作用，应该是出口越多越好。但是出口过多，也会过多的消耗本国资源，对国内消费产生挤压作用，忽视国内产业结构的调整和国内市场的培育等问题。因而也有许多学者认为对外贸易依存度的高低是一把"双刃剑"。外贸出口依存度过高，内部表现为局部产能过剩、生态环境恶化，外部表现为国际贸易摩擦持续增加，遭受他国反倾销反补贴指控越来越多。1978年我国外贸依存度仅为9.74%，以后随着对外贸易的发展，外贸依存度逐年提高，2006年达到最高66.52%，表明国民经济的增长高度依赖对外贸易的发展。随后外贸依存度逐年回落，2017年外贸依存度为33.60%，尚处于较合理的范围。本书只是截取外贸依存度的一部分——出口依存度，2017年为18.537%，应该还有很大的提升空间。

各国外贸出口的产品往往多种多样，包罗万象。据海关统计，2017年我国出口额前十名的产品主要包括机电产品、高新技术产品、自动数据处理设备及其部件、电话机、针织或钩编服装、非针织服装、钢材、家具及其零件、塑料制品及汽车零件等。出口的产品高中低档都有，技术含量最高的当属机电产品和高新技术产品。因此，本书衡量我国出口产品结构优化的指标也就选取了机电产品和高新技术产品的出口额占全部出口贸易额的比重来衡量。这两种产品出口的绝对数额基本上逐年增长，但也在2015年、2016年表现为负增长，这与我国外贸出口总额的变化趋势一致。二者出口占出口贸易总额的相对比例基本稳定在86%~87%，最高2010年达90.371%，表明这两种产品在我国出口产品结构中占据着重要的地位。

3. 2010~2017年我国出口企业产品生产及国际市场情况

反映一国的出口竞争力，可以从出口额、出口增长率、出口产品结构、出口产品的技术含量、国际市场份额等多方面进行评价。2016年，全球的货物贸易出口额为15.48万亿美元，我国为2.1万亿美元（见表7-2），占全球份额的13.57%，连续多年保持全球第一大货物贸易出口国和第二大进口国的地位。2017年2月12日，韩国贸易协会下属国际贸易研究院发布的一份报告也显示，2015 年在全球 5 579 个出口项目中，中国有 1 762 个项目的出口占据第一位，较 2014 年的 1 610 项增加 152 项，连续 2 年均排名全球第一位。排名第二位的是德国（638 项），第三位是美国（607 项）。中国在世界货物贸易出口中的重要程度不言而喻。

表 7-2　　　2010~2017 年按初级产品与工业制成品划分的出口数据

年份	出口额（亿美元）		工业制成品占出口额比重（%）
	初级产品	工业制成品	
2010	816.860	14 960.690	94.823
2011	1 005.450	17 978.360	94.704
2012	1 005.600	19 481.600	95.092
2013	1 072.700	21 017.400	95.144
2014	1 126.900	22 296.000	95.189
2015	1 039.300	21 695.400	95.429
2016	1 051.900	19 924.400	94.985
2017	1 177.100	21 458.100	94.800

资料来源：基础数据来源于《中国统计年鉴 2018》。

由表 7-2 可以看出，我国外贸出口产品中工业制成品长期占据了 95% 左右的份额。担当我国出口重任的一般是大中型工业企业。目前，规模以上的工业企业是指年主营业务收入 2 000 万元及以上的企业，截至 2017 年末约有 30 万家，在我国国民经济中占据着重要地位。表 7-3 统计了 2010~2017 年规模以上工业企业增加值的增长率、出口交货值等数据。规模以上工业企业增加值的增长率由 2010 年的 15.7% 下降至 2017 年的 6.6%，其原因与国内国外经济形势发展低迷趋势一致。规模以上工业企业出口交货值的年增长率最高是 2010 年的 24.536%，最低的是 2015 年下降至 -1.944%，随后又缓慢增长至 2017 年的 3.388%。依据规模以上工业企业出口交货值的年增长率占规模以上工业增加值的年增长率的比值，计算出规模以上工业企业出口交货增长弹性系数，用于衡量规模以上企业产品出口的增长程度。2010 年的系数大于 1，表明企业的出口增速较高；系数小于 1 则表明企业出口增长不及产值增长速度。此外，用显示性比较优势指数（RCA）可以判定一国的哪些产业更具出口竞争力，从而揭示一国在国际贸易中的比较优势,这是衡量一国产品或产业在国际市场竞争力最具说服力的指标。考虑我国出口产品中大多数为机电产品,所以本书计算了机电产品的显示性比较优势指数来衡量我国的出口优势。2010~2017年这一指数基本维持在1.8~2.0,表明我国出口产品具有较强的比较优势。随后依据显示性比较优势指数与人均GDP计算出2010~2017年机电出口产品的技术复杂度指数(TSI),数据显示机电产品出口企业的技术水平及技术进步的程度在不断提高。

表7-3 2010~2017年客户维度出口企业层面指标相关的数据

年份	规模以上工业企业增加值的增长率(%)	规模以上工业企业出口交货值 总额（亿元）	规模以上工业企业出口交货值 增长率（%）	规模以上工业企业出口交货增长弹性系数	出口产品技术复杂度指数	显示性比较优势指数
2010	15.7	90 764.340	24.536	1.563	58 689.113	1.901
2011	13.9	101 945.960	12.319	0.886	73 122.421	2.009
2012	10.0	106 759.183	4.721	0.472	80 880.474	2.022
2013	9.7	113 471.073	6.287	0.648	90 814.926	2.071
2014	8.3	120 933.100	6.576	0.792	92 253.909	1.954
2015	6.1	118 581.800	-1.944	-0.319	94 355.125	1.878
2016	6.0	119 191.120	0.514	0.086	96 720.555	1.793
2017	6.6	123 229.830	3.388	0.513	109 782.919	1.840

资料来源:基础数据源于《中国统计年鉴2018》相关比重指标计算得出。

依据我国的出口总额和世界贸易的出口总额计算出我国的出口商品国际市场占有率(IMS)(见表7-4),2010年为10.311%,2017年提高至14.510%,表明我国出口的整体竞争能力有所提升和增强,出口产品的比较优势较为显著。此外,依据我国贸易商品出口与进口的差额占我国进出口总额的比重计算出我国贸易专业化指数(TSC),或称贸易竞争系数。2010年为6.109%,2015年最高至15.002%,随后又开始逐年缩小,2017年为10.333%。数值始终为正,表明我国外贸长年保持顺差态势,本国产品在国际市场上拥有较好的出口竞争力。

表 7-4　　2010~2017 年客户维度国际市场层面指标相关的数据

年份	进口贸易额 总额（亿元）	进口贸易额 增长率（%）	世界贸易出口额（亿美元）	国际市场占有率（%）	贸易专业化指数（%）
2010	94 699.30	22.928	153 010	10.311	6.109
2011	113 161.40	23.127	183 330	10.355	4.264
2012	114 800.96	21.245	184 080	11.129	5.963
2013	121 037.46	20.334	188 260	11.734	6.234
2014	120 358.03	18.690	189 950	12.331	8.903
2015	104 336.10	15.142	164 820	13.794	15.002
2016	104 967.17	14.116	154 800	13.551	13.744
2017	124 602.40	15.065	156 000	14.510	10.333

资料来源：基础数据源于《中国统计年鉴2018》相关比重指标计算得出，世界贸易出口数据来自 WTO 网站。

7.1.2　2010~2017 年我国出口退税管理情况分析

1. 2010~2017 年我国出口退税情况

我国依照国际惯例对外贸出口实行退还国内生产和流通环节已纳增值税和消费税的制度，伴随着出口贸易的发展，我国出口退税额从 2010 年的 7 327.31 亿元增长到 2017 年的 13 870.37 亿元，增长了 0.90 倍，各年度增长率有高有低，有正有负，差异较大。同期每年对国内生产和流通的商品征收的增值税与消费税从 2010 年的 27 165.03 亿元增长到 2017 年的 66 603.27 亿元，增长了 1.45 倍，年度增长率呈现先逐年下降后又走高的趋势。与之相比，出口退税的增幅不及对国内商品征收的增值税消费税的增幅。同期海关对国外进口商品征收的增值税与消费税从 2010 年的 10 490.64 亿元增长到 2017 年的 15 970.67 亿元，增长了 0.52 倍，增幅最小，年度增长率也呈现着有高有低、有正有负、差异较大的状况。与之相比，每年的出口退税除 2015 年外均小于海关对进口商品所征的税额。2015 年进口征税负增长，而出口退税又创新高，这与出口退税的滞后性相关。出口退税占当年国内及海关代征的增值税、消费税收入的比重基本维持在20%左右（见表7－5）。出口退税额作为当年税收收入的减项影响国家每年的税收收入总量。

表7－5　2010~2017年财务维度财政效应指标相关的数据

年份	国内征收额（亿元）	增长率（%）	海关代征额（亿元）	增长率（%）	合计数（亿元）	总额（亿元）	增长率（%）	出口退税占当年国内及海关代征的增值税、消费税收入的比重（%）
2010	27 165.03	16.877	10 490.64	35.717	37 655.67	7 327.31	12.961	19.459
2011	31 202.84	14.864	13 560.42	29.262	44 763.26	9 204.75	25.622	20.563
2012	34 291.09	9.897	14 802.16	9.157	49 093.25	10 428.89	13.299	21.243
2013	37 041.45	8.021	14 004.56	-5.388	51 046.01	10 518.85	0.863	20.607
2014	39 762.48	7.346	14 425.30	3.004	54 187.78	11 356.46	7.963	20.958
2015	41 651.63	4.751	12 533.35	-13.115	54 184.98	12 867.19	13.303	23.747
2016	50 929.31	22.274	12 784.59	2.005	63 713.90	12 154.48	-5.539	19.077
2017	66 603.27	30.776	15 970.67	24.921	82 573.94	13 870.37	14.117	16.798

资料来源：基础数据根据《中国统计年鉴2018》相关比重指标计算得出。

2. 2010~2017年我国出口政策的制定与执行情况

出口退税政策的绩效如何，主要取决于出口退税政策的制定与执行。一方面，政府政策的制定程序要规范，内容要科学、合理且易于理解和操作。从政策制定的角度内部管理维度的绩效评价主要评价出口退税政策颁布的层级与合规性、政策调整的频度、政策的可操作性等。另一方面，政策的执行部门也要严格管理、善于执法。绩效评价主要关注出口退税工作信息化的程度、出口骗税行为发生率等指标来评价出口退税政策的完善性和出口退税工作的效率。由于政策的制定与执行涉及主观努力的程度，不太容易采用"量化计分法"的指标。

由于内部管理的问题较难进行定量分析，但内部管理需要建立相应的制度予以保障，因此，可以尝试从政策、制度制定的规范性分析入手。此外，可以从出口退税的征收管理及存在的问题来评判出口退税政策的规范性和有效性。因此考虑指标的可得性，政策制定层面可以设计的评价指标主要包括以下方面。

（1）出口退税政策调整的频度：在前面章节中已经梳理了我国 1985 年开始实施出口退税以来政策调整的情况与频率，2010 年、2014 年、2016 年和 2017 年财政部与国家税务总局调整退税率的文件各有 1 次、2 次、2 次和 1 次。值得一提的是，2014 年颁布的调整文件，政策实施的时间都是从 2015 年开始。根据政策调整的情况来评价政策的稳定性及政策调整对出口退税的影响。

（2）出口退税工作信息化程度：伴随着 1994 年增值税制度实施开始的"金税工程"已经建设到三期，建设了全国税收电子化网络系统，包括防伪税控开票系统、防伪税控认证系统、计算机稽核系统、发票协查系统等。目标是利用信息技术手段，优化和改造税收管理流程，促进精细化管理，辅助科学化决策，提高税收管理的质量和水平。在此期间还建立起部门之间信息共享、数据交换、业务联动的运行机制，及时为政府部门提供宏观决策的依据。随着"金税工程"的推进，税收征管的信息化程度和征管效率不断提高。随着"放管服"改革的不断深化，优化营商环境、减轻企业负担已成为重塑政府与市场关系、激发社会主义市场经济活力的重要途径。2018 年 11 月，世界银行发布了 2019 版《营商环境报告》，称我国营商环境改善幅度较大，营商环境排名大幅提升至第 46 位（2018 版为第 78 位）。这其中"纳税"指标体系中反映纳税遵从成本的有"纳税次数""纳税时间""税后流程"等二级指标，均比 2018 年有较大幅度的改进。例如，"纳税次数"由 2018 年版的 9 次/年减少至 7 次/年，"纳税时间"从 207 小时/年减少至 142 小时/年，降幅达 30%。这些数字的减少，降低了企业纳税的时间成本，显示了我国税务部门开展的"放管服"改革卓有成效。"税后流程"指标又包括"增值税退税申报时间""退税到账时间"等三级指标，当然这里衡量的是增值税进项税额大于销项税额时进行退税所用时间，与出口退税有些差别。但仍然可以从一个侧面反映出税务机关的征管效率在不断提高。在此，还可以从国家税务局系统历年部门决算表支出科目一般公共服务支出中选择税务办案（项）、信息化建设（项）等支出数额，来衡量税务工作流程是否优化、合理,信息化程度是否先进、高效,以及各职能部门的协调配合性等,以此来评判出口退税政策的可操作性、有效性和可持续发展性等。税务办案支出,主要用于国税系统税务稽查机构办案和反避税办案的支出。信息化建设支出,主要用于国税系统"金税工程"等信息化建设方面的软件开发、硬件购置与安装等支出。国家税务局历年财政支出决算表的支出科目几经变化,如 2012 年、2013 年和 2014 年列示科学技术类技术研究与开发(项)支出分别是 750 万元、1 000 万元和 1 343 万元,主要用于国税系统电子技术研究与开发方面的支出;从 2014 年起,增加一般公共预算财政拨款基本支出决算表,在公用经费类其他资本性支出中开始列示信息网络及软件购置更新支出,当年支出 19 272 万元,以后各年基本保持这个支出规模。信息网络软件、硬件条件不断更新,不断提升我国税务信息化管理的水平。相关的内部管理维度政策制定与执行指标见表 7-6。

表 7-6　2011~2017 年内部管理维度政策制定与执行指标相关的数据

年份	信息化建设支出 金额(万元)	信息化建设支出 增长率(%)	信息网络及软件购置更新支出 金额(万元)	信息网络及软件购置更新支出 增长率	税务办案支出 金额(万元)	税务办案支出 增长率(%)	出口骗税案件 查处户数	出口骗税案件 查补税额(万元)	查处额占出口退税额的比重(%)
2011	22 876	—	—		172 000	—	13	1 507	0.0036
2012	39 525	72.78	—		174 178	1.27	13	5 555	0.0016
2013	27 254	-31.05	—		169 902	-2.45	44	8 965	0.0053
2014	20 646	-24.25	19 272		167 126	-1.63	25	3 284	0.0085
2015	68 955	233.99	19 563	1.51	175 059	4.75	59	31 439	0.0036
2016	124 578	80.67	19 485	-0.40	164 760	-5.88	59	35 566	0.0196
2017	41 422	-66.75	16 960	-12.96	163 083	-1.02	—	—	—

资料来源:基础数据源于国家税务局系统 2011~2017 年部门决算、《中国税务稽查年鉴》(2011~2017 年)中相关的比重指标计算得出。

(3)出口骗税案件的查处户数和查补额,出口骗税查处额占出口退税额的比重：可以从《中国税务稽查年鉴》中梳理历年国家税务局稽查机构出口骗税案件查处的户次数和查补的税收总额，关注此类案件的年均增长情况，从骗税案件平均的涉案金额、占年度出口退税额的比重，评价现行出口退税政策下出口骗税的严重程度，从一个侧面也反映出相关政策的严谨性、完整性，衡量出口退税政策执行和管理的效果。

3. 2010~2017年我国出口退税机构税务人员学习与成长的情况

对税务人员加强教育和培训工作，能够有效提高出口退税行政工作的效率。尤其是在国家出台重大的财政税收及其他相关政策的时候，开展政策培训，让税务人员充分了解立法的理念，了解每一个执法环节的要求，了解违规的法律后果，促使税务人员不断地增强风险意识，从而提高征税退税的效率。教育培训包括日常知识更新的培训、参加练兵比武比赛、参加在线学习、发布政策时集中培训等。鼓励税务人员积极努力取得注册会计师、税务师、评估师、律师等各种职业资格证书，对取得者可给予精神奖励、考核加分奖励及工资津贴奖励等。对税务机构的领导干部还要再加强廉政建设的培训等。不过鉴于国家税务系统人员培训及违纪的相关指标难以直接获得，税务人员培训次数、违纪人次数通过历年《中国税务统计年鉴》中相关文章披露的信息获取，可能未必完整和真实。培训支出指标根据国家税务局系统历年部门决算中财政支出决算表支出科目选择税收宣传项、培训项指标替代。但国家税务局历年财政支出决算表的支出科目及内容几经变化，例如，2011年列支在一般公共服务支出中的税务宣传（项）支出，主要用于国税系统税务宣传、纳税服务方面的支出，2012年、2013年的税务宣传支出主要用于国税系统用于税务宣传、教育方面的支出，2014年、2015年税务宣传支出主要用于纳税服务宣传方面。在2014年以前，未见单列的教育培训支出。2014年，根据当年政府收支分类科目调整的要求，新列支教育支出（类）进修及培训（款）培训支出（项）科目，将国家税务局系统干部教育培训专项支出由一般公共服务支出调整到教育支出。2010~2017年学习与成长维度税务人员成长指标相关数据见表7-7。

表7-7　　2010~2017年学习与成长维度税务人员成长指标相关的数据

年份	国税系统正式职工本科以上人员占比（%）	税务人员培训次数（万人次）	税务宣传支出 数额（万元）	税务宣传支出 增长率（%）	培训支出 数额（万元）	培训支出 增长率（%）	违纪税务人员数（人次）
2010	50	87.165	14 403.09	—	—	—	251
2011	52	156.543	15 199.46	5.53	—	—	420
2012	53	167.126	15 264.35	0.43	—	—	191
2013	55	135.875	17 578.03	15.22	—	—	808
2014	45	160.878	20 437.38	16.27	6 094.22	—	5 217
2015	59	243.267	24 642.27	20.57	6 797.81	11.55	2 792
2016	62	103.166	33 377.22	35.45	6 844.65	0.69	1 493
2017	—	—	31 960.84	-4.24	7 435.79	8.60	—

资料来源：基础数据源于《中国税务年鉴》（2011~2017年）、国家税务局系统2010~2017部门决算中相关比重指标计算得出。

7.1.3　2010~2017年出口退税绩效评价结果分析

本书使用的基础数据主要通过查询近年的《中国统计年鉴》《中国税务年鉴》《中国税务稽查年鉴》等获得，并计算出相关的定量指标的实际值。对定量指标的数据进行严格分析依数据变化的规律进行评判打分，对定性指标则由专家根据自己的职业判断进行评判打分。为了使打分的结果具有纵向可比性及尽可能的客观性，选定2010年作为基期，然后由专家分析2010~2017年指标值的情况对2010年的基期指标值进行打分，再将2011~2017年各个指标值与基期指标值进行对比打分，获得评价结果。基期指标值可以都确定为同样的分值（如同为70分或80分），也可以依专家的偏好自由确定各指标不同的起点分值（如有的为70分、有的为80分）。评价结果按分值区间分为四个等级，即"优"：得分90分以上（含90分）；"良好"：得分80~89分（含80分）；"一般"：得分70~79分（含70分）；"差"：得分70分以下。为了各年度间对比的方便，要求专家尽量将基期指标值的分数打成整数。专家们共计要对四个维度的22个三级指标进行打分，然后求出各个三级指标的平均得分，再将各指标的得分乘以其权重加总后就得到2010~2017年我国出口退税政策绩效评价的结果（见表7-8）。

第 7 章
出口退税政策绩效评价指标体系的实证检验及政策完善的建议

表 7-8 2010~2017 年我国出口退税政策绩效评价得分

三级指标 (D11－D64)	占总指标 权重	2010年 得分	2010年 权重得分	2011年 得分	2011年 权重得分	2012年 得分	2012年 权重得分	2013年 得分	2013年 权重得分	2014年 得分	2014年 权重得分	2015年 得分	2015年 权重得分	2016年 得分	2016年 权重得分	2017年 得分	2017年 权重得分
出口贸易额	0.2504	80	20.03	83	20.78	84.2	21.08	85.6	21.43	86.9	21.76	86.4	21.63	85.9	21.51	88.7	22.21
出口贸易年均增长率	0.0619	80	4.95	90	5.57	83.3	5.16	84	5.2	83.2	5.15	78.8	4.88	78.7	4.87	87.1	5.39
对外贸易出口依存度	0.0234	85	1.99	84.3	1.97	83	1.94	82.1	1.92	81.4	1.9	79.6	1.86	77.7	1.82	77.6	1.82
出口产品结构优化	0.0503	90	4.53	85.7	4.31	86.5	4.35	86.8	4.37	83.8	4.22	86.1	4.33	86	4.33	87.5	4.4
出口退税额	0.1108	80	8.86	82.6	9.15	84.2	9.33	84.3	9.34	85.5	9.47	87.6	9.71	86.6	9.6	88.9	9.85
出口退税年均增长率	0.0259	80	2.07	90	2.33	85.2	2.21	80.3	2.08	83.1	2.15	85.2	2.21	77.8	2.02	85.5	2.21
年度国内及海关代征的增值税、消费税收入额	0.0425	80	3.4	81.9	3.48	83	3.53	83.6	3.55	84.4	3.59	84.3	3.58	86.9	3.69	91.9	3.91
出口退税占当年国内及海关代征的增值税、消费税收入的比重	0.0139	80	1.11	82.2	1.14	83.6	1.16	82.3	1.14	83	1.15	88.6	1.23	79.2	1.1	74.7	1.04
规模以上工业企业出口交货值	0.029	80	2.32	82.5	2.39	83.5	2.42	85	2.47	86.6	2.51	86.1	2.5	86.3	2.5	87.2	2.53
规模以上工业企业出口交货增长弹性系数	0.0079	85	0.67	82.3	0.65	80.6	0.64	81.3	0.64	81.9	0.65	77.4	0.61	79.1	0.62	80.8	0.64
出口产品技术复杂度指数(TSI)	0.0397	80	3.18	82.5	3.28	83.8	3.33	85.5	3.39	85.7	3.4	86.1	3.42	86.5	3.43	88.7	3.52

续表

三级指标 (D11-D64)	占总指标权重	2010年 得分	2010年 权重得分	2011年 得分	2011年 权重得分	2012年 得分	2012年 权重得分	2013年 得分	2013年 权重得分	2014年 得分	2014年 权重得分	2015年 得分	2015年 权重得分	2016年 得分	2016年 权重得分	2017年 得分	2017年 权重得分
显示性比较优势指数（RCA）	0.0397	80	3.18	82.1	3.26	82.4	3.27	83.4	3.31	81.1	3.22	79.5	3.16	77.8	3.09	78.8	3.13
国际市场占有率（IMS）	0.0775	80	6.2	80.1	6.21	81.6	6.32	82.8	6.42	84	6.51	87	6.74	86.5	6.7	88.4	6.85
贸易专业化指数（TSC）	0.0388	80	3.1	76.3	2.96	79.7	3.09	80.3	3.12	85.6	3.32	95.7	3.71	92.2	3.58	88.5	3.43
出口退税政策调整的频度	0.0401	85	3.41	90	3.61	90	3.61	90	3.61	80	3.21	90	3.61	80	3.21	85	3.41
出口退税工作信息化程度	0.0467	75	3.5	78	3.64	80	3.74	82	3.83	85	3.97	87	4.06	90	4.2	92	4.3
出口骗税案件的查处户数和查补额	0.0269	75	2.02	70	1.88	76	2.04	80	2.15	74	1.99	85	2.29	87	2.34	90	2.42
出口退税查处额占出口退税额的比重	0.0076	80	0.61	78	0.59	81.7	0.62	84.9	0.65	79.3	0.6	90	0.68	85	0.65	88	0.67
税务人员学历水平（本科以上）	0.0232	80	1.86	82	1.9	83	1.93	85	1.97	75	1.74	89	2.06	92	2.13	93	2.16
税务人员培训人次数	0.0305	80	2.44	87.9	2.68	89.1	2.72	85.6	2.61	88.4	2.7	92	2.81	81.8	2.49	85	2.59
管理培训经费增长率	0.0085	75	0.64	70	0.6	80	0.68	82	0.7	75	0.64	80	0.68	80	0.68	80	0.68
违纪税务人员数	0.0048	80	0.38	79.3	0.38	82.4	0.4	77.8	0.37	65	0.31	69.8	0.34	75	0.36	76	0.36
合计	1		80.45		82.76		83.57		84.27		84.16		86.1		84.92		87.52

通过以上分析可以看出，2010～2017年，我国出口退税政策绩效评价的评分2010年基期数据得分为80.45分，2011年以后的数据都高于这一数据，这表明2011年以后我国出口退税的绩效整体水平都好于2010年，出口退税政策的整体绩效在不断提高。但是也未能完全呈现出一个逐步上升的趋势，2014年低于2013年，2016年低于2015年，这与这两年出口增速下滑、政策调整频率增多（2014年、2016年出口退税率均有2次调整）有关联。

7.2　我国出口退税政策完善的路径与完善的措施建议

7.2.1　出口退税政策完善的路径选择

按照前述分析的原则，我国目前完善出口退税政策的路径应着眼于以下几个方面。

1. 适当扩大出口退税的税种范围

按照WTO规则，一国出口退税允许退还间接税，包括销售税、印花税、特许经营税、教育附加税等。而我国目前出口退税只包括增值税、消费税两种。因此，我国应该充分利用WTO规则进一步将城市维护建设税、教育费附加税等更多的间接税种列入退税范围，加大税收鼓励出口的力度。

2. 适度扩大出口退税主体范围，调整退税的出口产品范围

目前，我国对出口退税的企业范围有一定的限制，符合规定才可以办理出口退税，对大多数小微企业来说难以获得相关资格。通过考察世界上各国出口退税政策发展的一般趋势，再加上随着本国税收征管水平的提高，我国也应该逐步放宽出口退税的企业范围限制，直至赋予所有的合法出口的企业都拥有直接享有出口退税的权利。

3. 设置有差别的出口退税率

出口退税应是一项被许多学者认可的中性与非中性相结合的税收政策，出口退税率的设置应防止企业的短期行为。多年来，一些出口企业不在提高出口产品的技术含量和增加产品附加值上做文章，而是把出口退税当成正常利润，常常为完成出口任务低价竞销资源性的产品、低加工水平的产品，仅靠出口退税维持企业生存，出口商品结构长期难以摆脱低水平状况。

另外，还要简化申报流程，全面推行征退一体的退税机制。

7.2.2 我国出口退税政策完善的措施建议

1. 加快出口退税的立法，提高立法层次，建立完善、稳定的出口退税制度的法律体系

自 1985 年恢复出口退税制度到现在，我国的出口退税政策未能得到很好的立法保障，这首先表现在还没有一部关于出口退税的法律文件。多年来，国务院、财政部、税务总局都颁布了许多规范出口退税制度的文件，但主体行为不协同，使发文的体系较为混乱，且规范的内容在权利义务关系上也相对比较混乱。特别是在党的十八大强调"税收法定"原则和增值税改革全面推行之后，到 2020 年要全面实现"税收法定"的原则，全部税种都要完成立法规范。所以，出口退税也迫切需要国家统一完善相关的程序法和实体法，涵盖出口退税政策、管理办法、部门职责、检查监督及处罚等内容。在此基础上，还需要配套出台相适应的部门规章，对具体问题包括退税的范围、退税的条件、退税的程序等都要出台更详细的解释条款，特别是对出口骗税的司法解释，使出口企业办理退税有法可依、有序可循。要借鉴国际经验，逐步放宽对出口退税主体的限制性条件。建立"滞退金"制度，保障退税人的法律救济途径，保护其合法权益。加强出口退税的立法，从根源上杜绝随意调整政策的行为，增强出口退税制度的规范性和透明性。此外，还要提高出口退税政策的稳定性。制定政策时既充分考虑我国实际的经济情况也要考虑以后发展的需求，让制定的政策透

第 7 章
出口退税政策绩效评价指标体系的实证检验及政策完善的建议

明、稳定并切实可行。作为 WTO 的成员国，出口退税往往被看成是消除重复征税的一种手段而不是被作为一种调整政策的工具。稳定的出口退税政策能够减轻税收对企业决策的扭曲，减小微观主体的政策风险，提高国内企业在国际市场上的竞争力。其次，稳定的出口退税政策也有利于形成规范、透明和高效的工作流程，便利税务部门和外贸部门工作的开展。最后，出口退税政策应尽可能地体现税收的中性作用。为减轻企业的税收负担，我国的出口退税政策应逐步趋向零税率的彻底退税，尽量避免给企业造成超额税收负担，影响经营决策。当然保持政策的稳定性，并不意味着一成不变，而是要考虑适当的灵活性。根据宏观经济形势及国际税收竞争环境的变化，对出口退税政策进行适度的调整，以达到预期的调控目标，保持出口退税制度的竞争力。

2. 建立高效的决策机制，实施有差别的出口退税率，确立最优出口退税率结构

目前，我国不仅出口退税政策的制定缺乏足够的法律支持，而且，政策的推行同样缺乏完善的法律支持。在我国目前税制结构以流转税为主体的格局下，虽然有受国际形势影响的客观原因，出口退税率频繁变动有一定的合理性，但总体来说出口退税政策的调整过于灵活，缺乏连续性和稳定性，出口退税率的频繁变动似乎已经成为我国出口退税的政策性特征。这种频繁调整已然对出口企业生产的稳定性造成一定的影响，也给税务部门退税工作的顺利组织带来困难。

为避免退税率变动频繁、档次太多的状况，有学者提出应制定一个中性的、基本的出口退税率，或者是一组中性出口退税率，以此为中心并规范其上下波动界限，称之为"弹性出口退税率"。按"一组"可以是在产业或行业或产品层面，根据不同的情况设置基准税率和波动区间。适时的根据国内外经济的发展变化，结合国家的经济形势，实施分类调节，提升产品技术进步水平，促进外贸和国民经济发展。

3. 进一步完善出口退税的财政负担机制

出口退税的负担问题演变过多种形式，如 20 世纪 90 年代区分中央企业和地方企业，出口退税分别由中央财政和地方财政负担，但是地方财力紧张，就改为由中央财政全部负担或承担绝大部分，比例可高达90%。2015年2月，颁布《国务院关于完善出口退税负担机制有关问题的通知》，又将出口退税全部由中央财政负担。自1994年我国正式开征增值税以来，增值税一直就是一个中央地方共享税，分成比例在很长一段时间里都是75∶25，2016年5月1日，全面营改增后改为5∶5分成。出口退税的财政负担机制长期以来未能与增值税中央政府与地方政府的分成比例的变化而同步。出口退税由中央财政全部负担可能导致地方政府在出口退税方面的主体责任不明确，对出口退税工作不关心、不重视。在地方分担的时候，各地经济发展水平不一，增值税征缴的力度和规模不一，经济发达地区和经济落后地区如果按照同样的比例分担，对落后地区来说压力较大，"一刀切"的做法略显不公。因此，从某种层面上说有必要建立一个"谁出口、谁受益、谁负担"的、有差别的、对称的分担机制，有助于提升地方政府加强出口退税管理的积极性。

另外，将出口退税的负担机制与增值税收入共享机制结合起来，可以借鉴德国的做法，尝试将现行"先分后退"的模式改为"先退后分成"的模式，即地方政府征缴地方企业所缴纳的增值税，扣除出口退税后再将增值税与中央政府进行分成。这样，出口贸易多的地区多退税、少上缴，地方财政的压力可以相应减轻，中央财政也减轻全部负担所带来的压力，减少中央负担形成的隐形的转移支付给各地区所造成的不公平。

4. 实施征退一体，提高出口退税管理水平

强化征管是提高出口退税管理效率的重要前提。我国目前实行的征退税相脱节的模式，易造成诸多征管上的漏洞。从各个国家较为成功的经验来看，许多国家实行征退税一体化、征退紧密结合的退税模式，简化了办理流程，及时足额退税，减少占压企业资金，能够提高退税效率，防范出口骗税。

实行征、退税管理一体化，既能够降低纳税人的纳税成本，减少申报环节；又方便税务机关全面掌握纳税人的相关信息，提高管理水平。一是要实现征、退机构的衔接。有条件的地区可安排统一的部门进行集中管

理，加强日常管理，核实该类企业上期留抵的真实性。二是各个部门要各尽其责，加强与企业沟通，从根本上解决征税与退税管理相脱节而形成的漏洞。

加快实现计算机全国联网，提高行政效率。可以建立全国综合信息数据库和退税申报的计算机稽核制度。通过计算机与税务人员共同审核，以提高稽核效率。加快金税工程建设，充分利用电子信息技术审核征退税，并建立出口退税评估机制，提高退税管理的电子化信息水平。此外，在提高行政效率方面，可以定期对税务人员进行培训，尤其是国家出台相关的重大政策时。让税务人员不断提高办事效率、增强风险意识。

进一步加强和完善出口退税企业的分类管理。从日常管理和分类标准等方面完善对出口企业监管。第一，对出口退税企业按信用等级分类，对不同等级的企业退税使用不同的审查程序。分类评价按年度进行，每年评定一次时间偏长，具有明显的滞后性，可根据企业守法诚信情况实行动态调整。等级评定的标准要客观、公正，尽量减少税务人员的主观判断。对于历史记录较好的企业给予快速退税待遇。第二，引入注册会计师鉴证制度。出口企业申报大额退税，可以先由注册会计师鉴证，以防止骗税行为的发生，降低征管成本。第三，实行"滞退金"制度。出口退税管理水平不高很大程度上也是由于税务人员积极性不高，进而导致行政效率低下所造成的。退税机关退税的不及时很容易造成企业的资金周转困难。对此，要求税务机关要限时办理出口退税，如果超过规定时间，且经核实确实是税务机关所造成的，税务机关要比照滞纳金制度，支付出口退税企业滞退金。

5. 加强多部门合作，严厉打击骗税违法行为

短期，加强征税与退税机关之间关于征退税信息的沟通与交流；长期，建立征退一体化模式。对出口骗税行为可以转变防止骗税的思路，坚持事前宣传教育、事中严格审核与事后复核稽查等多种形式防范并重的模式。即在退税时只审核有限的单证，加强退税后再对相关票据进行全面复核和抽样检查。一旦发现问题，对当事人严惩不贷。加强风险控制，加大对出口退税的惩戒力度，引入"黑名单"制度，对失信企业统一实行"先征后退"退税制度。

充分利用大数据技术，加强税收征管与退税管理的有效衔接。利用大数据技术，实现系统的自动监测。创新"以货退税"的管理模式，由税务机关和海关、银行等部门的通力合作，税务机关重点监管"发票流"，海关重点监管"货物流"，银行重点监管"资金流"，从而构建新型的防骗打骗管理格局。此外，可以尝试建立跨区域的税务稽查合作制度，加强区域合作，共同查处跨区域的大案、要案。

可以尝试建立多部门协作、社会监督、公众参与的出口退税治理格局，将打击出口骗税的成果纳入各级、各部门的政绩考核体系之中，提高税务及相关部门人员的积极性。加强与海关、交通部门合作，建立集装箱运输信息共享机制，构建共享的物流监控平台。加强与金融部门、外管部门的合作。建立严格的出口退税执法责任制，明确各部门的职责，紧密配合，提高办事效率。明确出口骗税违法犯罪行为的法律界限和处罚规定，使出口退税更具可操作性和可适应性，切实保障出口退税企业的合法权益，从而充分发挥税收配置资源和保障公平分配的作用。

参 考 文 献

[1] 白彦锋，孙鑫刚. 出口退税：彻底退税还是适度退税 [J]. 中央财经大学学报, 2004 (1): 17-20.

[2] 白彦锋. 基于平衡计分卡的税务审计绩效评估研究 [J]. 创新, 2010 (5).

[3] 白志远，章雯. 出口退税对高技术产业的激励效应分析 [J]. 统计与决策, 2016 (20): 146-148.

[4] 白重恩，王鑫，钟笑寒. 出口退税政策调整对中国出口影响的实证分析 [J]. 经济学（季刊）, 2011 (3): 799-820.

[5] 卞咏梅，梁静溪. 出口退税的经济效应分析 [J]. 科技与管理, 2009 (5): 88-90.

[6] 曹德骏，朱宇. 出口退税与外贸企业竞争力关系初探 [A]. 财税法论丛（第9卷）, 2007: 18.

[7] 陈军才. 出口退税率调整对两类企业的外贸出口影响 [J]. 统计与决策, 2005 (3): 40-41.

[8] 陈平，黄健梅. 我国出口退税效应分析：理论与实证 [J]. 管理世界, 2003 (12): 25-31.

[9] 陈庆萍. 对我国出口退税政策的分析 [J]. 云南财经大学学报, 2011 (2): 63-69.

[10] 陈学安. 建立我国财政支出绩效评价体系的设想 [J]. 中国财政, 2003 (10): 71-75.

[11] 党兴华，赵晓洁. 基于平衡计分卡的公共财政支持科技产业绩效评价指标体系研究 [J]. 科学学与科学技术管理, 2007 (3): 41-45.

[12] 邓力平. 浅谈中性与非中性出口退税制度 [J]. 税务研究, 1996 (11): 6-10.

[13] 丁晓峰. 我国出口退税政策: 分析与选择 [J]. 税务研究, 2004 (10): 48-50.

[14] 董皓, 陈飞翔. 我国出口退税政策的鼓励效应 [J]. 国际贸易问题, 2004 (7): 13-16.

[15] 杜莹芬. 中国出口退税改革及其影响 [J]. 上海行政学院学报, 2004 (3): 44-51.

[16] 樊琦. 出口退税政策与我国出口商品结构优化——基于不同技术程度行业的研究 [J]. 国际贸易问题, 2009 (11): 13-19.

[17] 范柏乃. 政府绩效评估与管理 [M]. 上海: 复旦大学出版社, 2007: 121-132.

[18] 范子英, 田彬彬. 出口退税政策与中国加工贸易的发展 [J]. 世界经济, 2014 (4): 49-68.

[19] 方震海. 完善我国出口退税制度的路径选择 [J]. 经济研究参考, 2012 (8).

[20] 冯秀娟. 最优商品税理论在国际增值税制度中的实践及启示——以英国、法国、澳大利亚、新西兰为例 [J]. 税收经济研究, 2015 (3/6): 48-53.

[21] 甘行琼, 蒋炳蔚. 出口退税对我国产业结构影响的实证研究——以传统劳动密集型产业为例 [J]. 中南财经政法大学学报, 2017 (4): 84-89.

[22] 高沛, 朱廷珺. 利益集团对出口退税政策制定的影响——基于贸易政策的政治经济学分析 [J]. 前沿, 2009 (2): 68-70.

[23] 国家税务总局. 中华人民共和国税收大事记 [M]. 北京: 中国财政经济出版社, 2012.

[24] 韩剑, 陈艳. 政治联系与中国企业的实际出口退税——基于微观企业的实证研究 [J]. 国际贸易问题, 2016 (2): 63-76.

[25] 何晴, 张斌. 出口退税与转变经济发展方式 [J]. 税务研究, 2008 (1): 41-44.

[26] 洪丽. 我国汇率政策与出口退税政策的冲突与协调 [J]. 金融经济, 2006 (14): 69-70.

[27] 侯晓燕,王钢. 从国际比较看我国出口退税制度的完善 [J]. 中国集体经济, 2011 (2): 236-239.

[28] 候倩. 基于平衡计分卡方法的我国财政科技投入绩效评价研究 [D]. 北京: 北京工商大学, 2016.

[29] 胡学勤. 论出口退税政策的调整与中性退税制度的构建 [J]. 涉外税务, 2004 (8): 14-18.

[30] 胡奕明,樊慧,刘纯,朱智勇. 对我国政府绩效评价体系的调研与分析 [J]. 审计研究, 2011 (6): 59-67.

[31] 胡玉明. 平衡计分卡: 一种战略绩效评价理念 [J]. 会计之友, 2010 (4): 4-11.

[32] 黄晓波,宋朋林. 平衡计分卡法在惠农补贴政策绩效评价中的探讨 [J]. 农业经济, 2012 (12): 118-119.

[33] 贾康,孙洁. 平衡计分卡(表)方法在财政支出绩效评价中的应用设计初探 [J]. 山东经济, 2010 (1): 5-10.

[34] 江霞,李广伟. 出口退税对出口的激励作用分析——基于VAR模型的实证检验 [J]. 国际经贸探索, 2010 (5): 49-54.

[35] 蒋荷新,贾琼玲. 取消出口退税对钢铁产品出口贸易的影响——以中韩贸易为例 [J]. 国际商务研究, 2013 (1).

[36] 蒋荷新,李小娟. 出口退税政策变动对不同所有制企业就业的影响——以制造业为例 [J]. 国际商务, 2009 (5): 38-44.

[37] 金兴健. 人民币贬值政策与出口退税率调整的比较分析 [J]. 财贸研究, 2002 (2): 67-70.

[38] 靳玉英,胡贝贝. 出口退税政策对出口贸易的持续影响效应研究——来自异质性企业出口生存率的证据 [J]. 财经研究, 2017 (6): 40-51.

[39] 兰宜生,刘晴. 对我国出口退税政策效果的实证分析及反思 [J]. 财贸经济, 2011 (9): 80-84, 136.

[40] 李国忠. 国外出口退税制度的比较 [J]. 税务研究, 2005 (10): 90-92.

[41] 李林,肖牧,王永宁. 将平衡计分卡引入我国公共部门绩效管

理的可行性分析[J]. 中国科技论坛, 2006 (4): 114-118.

[42] 李未无, 肖宇. 出口退税的价格效应研究——基于中国对美纺织品出口的实证检验[J]. 国际经贸探索, 2013 (1): 4-14.

[43] 李永友. 我国税收负担对经济增长影响的经验分析[J]. 财经研究, 2004 (12): 53-65.

[44] 林高星. "彻底退税"应是我国出口退税的政策目标吗[J]. 税务研究, 2003 (8): 17-19.

[45] 林珏, 彭冬冬. 出口退税、贸易方式与企业出口行为[J]. 西部论坛, 2016 (1): 90-101.

[46] 林龙辉, 向洪金, 冯宪宗. 我国出口退税政策的贸易与经济效应研究——基于局部均衡模型的分析[J]. 财贸研究, 2010 (1): 33-41.

[47] 刘翠微. 美国联邦税制2017年最新情况[J]. 财政科学, 2017 (8): 116-125.

[48] 刘凌, 陈效. 中国出口退税政策的改革路径及其经济效应分析[J]. 湖南师范大学社会科学学报, 2012 (2): 97-100.

[49] 刘穷志. 出口退税与中国的出口激励政策[J]. 世界经济, 2005 (6): 37-43.

[50] 刘若鸿. 出口退税政策和汇率变动对我国出口影响的实证分析[J]. 财会月刊, 2009 (8).

[51] 刘怡, 耿纯, 赵仲匡. 出口退税政府间分担对产品出口的影响[J]. 经济学（季刊）, 2017 (3/4): 1011-1030.

[52] 刘怡, 耿纯. 出口退税对出口产品质量的影响[J]. 财政研究, 2016 (5): 2-17.

[53] 刘盈曦, 郭其友. 口退税的产业结构优化效应研究综述[J]. 经济问题探索, 2011 (10): 155-160.

[54] 刘忠, 杜艳, 周茂. 服装出口退税政策效应分析——基于产品异质性及国际竞争视角[J]. 经济与管理研究, 2016 (9): 77-87.

[55] 隆国强. 调整出口退税政策的效应分析[J]. 国际贸易, 1998 (7): 22-24.

[56] 卢跃东, 沈圆, 段忠贤. 我国省级行政区域财政科技投入产出

绩效评价研究 [J]. 自然辩证法通讯, 2013 (5): 88-95, 127-128.

[57] 吕凯波. 财政分权、出口退税分担机制改革与出口贸易增长 [J]. 国际贸易问题, 2016 (5): 28-38.

[58] 罗伯特·卡普兰, 大卫·诺顿. 平衡计分卡——化战略为行动 [M]. 广东经济出版社, 2004.

[59] 马典祥. 建立防范出口骗税预警机制的理性思考 [J]. 青岛市国税局信息中心, 2004.

[60] 马捷, 李飞. 出口退税是一项稳健的贸易政策吗? [J]. 经济研究, 2008 (4): 78-87.

[61] 马捷. 差别产品双头竞争与最优进口税的决定 [J]. 世界经济, 2002 (6): 13-19, 80.

[62] 马敏捷, 马德功. 出口退税对人民币汇率及外汇储备影响机制实证分析——基于1996-2014年的数据 [J]. 四川大学学报, 2016 (1): 89-98.

[63] 马乃云, 侯倩. 基于平衡计分卡方法的财政科技经费绩效评价体系研究 [J]. 中国软科学, 2016 (10): 184-192.

[64] 马之超, 张福伟. 税收优惠政策评估研究 [J]. 税收经济研究, 2017 (3): 12-19.

[65] 毛显强, 宋鹏, 李丽平, 高玉冰, 董刚, 原庆丹. 出口退税政策调整的环境经济影响分析 [J]. 北京师范大学学报 (社会科学版), 2012 (6): 119-131.

[66] 毛显强, 宋鹏. 中国出口退税结构调整及其对"两高一资"行业经济—环境影响的案例研究 [J]. 中国工业经济, 2013 (6): 148-160.

[67] 梅冬州, 雷文妮, 崔小勇. 出口退税的政策效应评估——基于金融加速器模型的研究 [J]. 金融研究, 2015 (4): 50-65.

[68] 明安斌. 对我国出口退税政策目标的再思考 [J]. 税务研究, 2007 (6): 13-14.

[69] 潘文轩. 我国出口退税影响出口增长的动态效应及其特征——基于1985~2013年数据的实证分析 [J]. 经济问题探索, 2015 (11): 138-144.

[70] 裴长洪. 论转换出口退税政策目标 [J]. 财贸经济, 2008 (2): 10-16, 127.

[71] 綦建红, 王平. 出口退税对我国地方政府引资的挤出效应分析 [J]. 理论学刊, 2006 (6): 47-49.

[72] 钱学锋, 潘莹, 毛海涛. 出口退税、企业成本加成与资源误置 [J]. 世界经济, 2015 (8): 80-106.

[73] 钱学锋, 王胜. 汇率与出口退税的政策协调及其资源再配置效应 [J]. 财贸经济, 2017 (8): 66-79.

[74] 饶爱民, 王晓洁. 出口退税率与汇率变动关系 [J]. 税务研究, 2006 (6).

[75] 深圳市国税局"WTO与中国出口退税政策走向研究"课题组. 出口退税制度的国际比较与借鉴 [J]. 涉外税务, 2001 (5): 51-55.

[76] 苏东海. 出口退税政策调整对我国经济影响的实证研究 [J]. 金融研究, 2009 (6): 186-196.

[77] 汤贡亮, 李成威. 出口退税政策的经济效应: 理论分析和实证研究 [J]. 税务研究, 2002 (12): 2-9.

[78] 童锦治, 赵川, 孙健. 出口退税、贸易盈余和外汇储备的一般均衡分析与中国的实证 [J]. 经济研究, 2012 (4).

[79] 屠庆忠. 出口退税与中国的出口激励政策 [J]. 世界经济, 2004 (6): 31-37.

[80] 屠庆忠. 国家出口退税行为的理论分析 [J]. 中央财经大学学报, 2003 (11).

[81] 万莹. 中国出口退税政策绩效的实证分析 [J]. 经济评论, 2007 (4): 62-67.

[82] 王戈. 我国出口退税政策对出口规模和结构的影响研究 [D]. 北京: 北京工商大学, 2017.

[83] 王根蓓. 出口退税、汇率调整与出口企业的最优销量——基于相互市场古诺模型的分析 [J]. 上海立信会计学院学报, 2006 (5): 80-87.

[84] 王根蓓. 论中间品贸易存在条件下国内税收、出口退税与汇率调整对出口企业最优销量的影响 [J]. 世界经济, 2006 (6): 31-39.

[85] 王会智. 基于平衡计分卡的地方政府绩效评估研究 [J]. 温州大学学报, 2010 (5): 37–41.

[86] 王世嵩, 周勤. 出口产品技术结构和出口退税政策有效性研究——基于2002~2007年省际面板数据的实证分析 [J]. 工业技术经济, 2009 (12): 71–78.

[87] 王玮. 人民币汇率变动对出口的影响探究——以江苏省高新技术产业、纺织产业为例 [J]. 对外经贸, 2013 (1): 20–22.

[88] 王文清, 孟坤, 查君炜. 出口退税执法风险：表现、成因及防范 [J]. 税务研究, 2017 (5): 101–104.

[89] 王晓雷. 出口退税政策调整对出口规模与出口结构的影响 [J]. 国际贸易, 2008 (7).

[90] 王孝松, 李坤望, 包群, 谢申祥. 出口退税的政策效果评估：来自中国纺织品对美出口的经验证据 [J]. 世界经济, 2010 (4): 47–67.

[91] 王学瓅, 王苏, 刘宇. 浅议我国出口退税体系的效率 [J]. 绿色财会, 2007 (11): 49–51.

[92] 魏艺明, 姚博. 出口退税政策效用的实验性评估——基于倍差法分析的再检验 [J]. 北京理工大学学报（社会科学版）, 2016 (6): 99–105.

[93] 吴建南, 赵婷, 孔晓勇. 基于平衡计分卡的税务绩效评价方案设计 [J]. 税务研究, 2005 (4).

[94] 仵凤清, 宋玉霞, 王盈盈. 地方政府科技管理绩效评估方法研究 [J]. 科研管理, 2007 (3).

[95] 武敬云. 出口退税与中国贸易增长——基于季度数据VEC模型的实证检验 [J]. 中央财经大学学报, 2011 (9).

[96] 向洪金, 赖明勇. 全球化背景下我国出口退税政策的经济效应 [J]. 数量经济技术经济研究, 2010 (10): 36–48.

[97] 谢建国, 陈莉莉. 出口退税与中国的工业制成品出口：一个基于长期均衡的经验分析 [J]. 世界经济, 2008 (5): 3–12.

[98] 谢建国, 吴春燕. 中国出口退税政策的就业激励效果——基于中国工业面板数据的实证分析 [J]. 国际贸易问题, 2013 (6): 43–56.

[99] 谢建国和徐婷. 产出波动、需求转移与出口退税的出口激励效果——一个基于中国出口面板数据的研究 [J]. 世界经济研究, 2012 (6): 38-44.

[100] 谢丽芬, 谭晶. 新出口退税机制对加工贸易的效应分析 [J]. 商业研究, 2005 (4): 160-162.

[101] 徐蔚. 我国外汇储备激增与当前流动性过剩问题研究 [J]. 北京行政学院学报, 2007 (6).

[102] 许家云, 毛其淋, 杨慧. 出口退税率差异化的资源误置效应: 基于中国制造业生产率动态分解的视角 [J]. 统计研究, 2017 (6): 27-37.

[103] 许俐俐. 中国出口退税政策制度演化的经济效应分析 [J]. 广西财经学院学报, 2011 (1).

[104] 许南. 出口退税政策调整对进出口贸易和汇率影响的实证分析 [J]. 长沙大学学报, 2005 (1).

[105] 闫云凤, 赵忠秀, 王苒. 我国出口退税政策的减排效果评估——基于钢铁行业的经验分析 [J]. 世界经济研究, 2012 (4): 46-50.

[106] 阎坤, 陈昌盛. 出口退税、扩大出口与财政效应 [J]. 管理世界, 2003 (11).

[107] 印梅. 人民币汇率变动、出口贸易及其影响因素的再检验 [J]. 南通大学学报: 社会科学版, 2013 (3): 123-127.

[108] 于维生, 于惠春. 出口骗税问题的不完全信息动态博弈分析 [J]. 统计研究, 2006 (2): 35-39.

[109] 余淼杰, 王雅琦. 人民币汇率变动与企业出口产品决策 [J]. 金融研究, 2015 (4): 19-33.

[110] 张爱敬. 浅谈出口退税政策对外汇储备的影响 [J]. 华北金融, 2007 (7).

[111] 张秋菊, 蒋迪娜. 出口退税率的调整与出口稳定增长——基于中国工业行业面板数据的实证分析 [J]. 财贸研究, 2012 (1): 85-89.

[112] 张晓涛, 杜伯钧. 人民币升值、出口退税、贸易成本与出口增长 [J]. 经济问题, 2014 (11): 102-105, 117.

[113] 赵君丽, 张琦. "中国制造"外贱内贵问题探析 [J]. 价格理

论与实践，2012（11）：43-44.

［114］郑桂环，汪寿阳. 出口退税结构性调整对中国出口主要行业的影响［J］. 管理学报，2005（7）：417-421.

［115］中国社会科学院财贸经济研究所课题组. 出口退税体制的问题和政策建议［J］. 税务研究，2005（6）.

［116］周伟，蒋冠. 基于平衡记分卡的政府信息服务绩效测评分析［J］. 档案学通讯，2008（4）.

［117］周琢，陈钧浩. 出口退税和汇率变动对中国出口企业利润率的影响［J］. 世界经济，2016（12）：95-120.

［118］朱波，范方志，汤玉刚. 出口退税中央、地方分担机制研究——运作原理、负面效应与机制优化［J］. 财经研究，2005（1）：90-103.

［119］朱剑峰. 出口退税制度的国际比较及启示［J］. 福建金融，2015（1）：42-44.

［120］朱宪堂，泰国、韩国增值税及出口退税的考察和启示［J］. 商业会计，1995（4）.

［121］朱宇. 出口退税对企业国际竞争力的影响分析［J］. 国际贸易问题，2007（6）：50-54.

［122］Bernard, Andrew B. Chinese Exporters, Exchange Rate Exposure, and the Value of the Renminbi［J］. 2008（2）.

［123］Bown C P, Crowley M A. Trade deflection and trade depression［J］. Journal of International Economics，2003，72（1）：176-201.

［124］Chandra P, Long C. VAT rebates and export performance in China: Firm-level evidence［J］. Journal of Public Economics，2013，102（2）：13-22.

［125］Chao C C, Yu E S, Yu W. China's import duty drawback and VAT rebate policies: A general equilibrium analysis［J］. China Economic Review，2006，17（4）：432-448.

［126］Chen C H., Mai C C, Yu H C. The effect of export tax rebates on export performance: Theory and evidence from China［J］. China Economic Review，2006，17（2）：226-235.

［127］Chi-Chur Chao, W L Chou, Eden S. H. Yu. Export Duty Rebates and Export Performance: Theory and China's Experience [J]. Journal of Comparative Economics, 2001, 29 (2): 314-326.

[128] Chien-Hsun Chen, Chao-Cheng Mai, Hui-Chuan Yu. The effect of export tax rebates on export performance: Theory and evidence from China [J]. China Economic Review, 2005, 17 (2): 226-235

[129] Cicowiez M, Alejo O J, Gresia L D, et al. Export Taxes, World Prices, and Poverty in Argentina: A Dynamic CGE-Microsimulation Analysis [J]. Social Science Electronic Publishing, 2010.

[130] D Ma, Hyun-Jun Cho. An Empirical Study of the Impact of China's Export Tax Rebates on RMB Appreciation [J]. East Asian Economic Review, 2012, 16 (3): 273-290.

[131] Elana Ianchovichina. Trade policy analysis in the presence of duty drawbacks [J]. Journal of Policy Modeling, 2004, 26 (3): 353-371.

[132] E Yu, C C Chao, Z Wang. Export Tax Rebates and Real Exchange Rate Devaluation: China's Experience in Recent Asia Financial Crisis—A Computable General Equilibrium Analysis [J]. China Economic Review, in Press, Corrected Proof, 2014.

[133] Fehr H., Rosenberg C. and Wiegard W. Welfare Effects of Value-Added Tax Harmonization in Europe [J]. Springer, Berlin New York, 1995.

[134] Jais. Mah. Duty Drawback And Export Promotion in China [J]. The Journal of Developing Areas, 2007, 40 (2): 133-140.

[135] John Whalley. China's Trade, Exchange Rate and Industrial Policy Structure [M]. 2013: 3-9.

[136] Weiss J. Export Growth and Industrial Policy: Lessons from the East Asian Miracle Experience [J]. Idb Publications, 2005.

[137] Mihir A. Desai, James R. Hines Jr. Basket Cases: Tax Incentives and International Joint Venture Participation by American Multinational Firms [J]. Joint of Public Economics, Mar. 1999 (71): 379-402.

[138] Pavcnik Nina. Trade Liberalization, Exit, and Productivity Improvements: Evidence from Chilean Plants [J]. The Review of Economic Studies,

2002, 69 (1): 245-276.

[139] Valeria De Bonis. Regional Integration and Commodity Tax Harmonization [J]. Policy Research Working Paper (The World Bank), 1997.

[140] Xin Wang. Can Unilateral Trade Measures Significantly Reduce Leakage and Competitiveness Pressures on EU-ETS-Constrained Industries? The Case of China Export Taxes and VAT Rebates [J]. Climate Strategies Working Paper, 2010, 7 (1): 33.

[141] Xu Z. China's exports, export tax rebates and exchange rate policy [J]. World Economy, 2008 (5): 1-21.